葬儀会社が農業を始めたら、サステナブルな新しいビジネスモデルができた

戸波 亮
TONAMI RYO

幻冬舎 MC

葬儀会社が
農業を始めたら、
サステナブルな
新しいビジネス
モデルができた

はじめに

２０２２年に国内の総人口は約50万人減りました。近いうちに毎年１００万人のペースで人口が減っていく時代を迎え、市場規模が縮小していくであろう業界は枚挙にいとまがありません。多くの中小企業にとって、このまま過去の延長線上で勝負しても先行きが厳しくなるのは目に見えています。

私が身をおく葬儀業界も同様です。私は、祖母が始めた葬儀会社を１９９８年に引き継いだのですが、当時から葬儀業界の市場規模が縮小していくのは明らかでした。人口が減少しているということはいずれ亡くなる人も減っていきます。さらには、家族葬などへのシフトによって葬儀の単価が大幅に下がり始めていたからです。

それから25年、私の会社は現在、葬儀業を含めて８つの事業を展開し、コロナ禍で打撃を受けましたが、資産総額は27億円（うち外貨建て資産40％）、年間売上高は14・５億円、ＲＯＥ（自己資本利益率）は10％、自己資本比率は40％を超えます。

このなかで、葬儀業と並ぶ柱になっているのが農業で、とりわけ田んぼからできたものはすべて商品化することを大きな強みにしています。例えば米の籾殻（もみがら）から燃料を作り、規格外の米をニワトリのエサにして高級卵を作り、くず米からせんべいを作るだけでなく、賞味期限の近い米を甘酒に、甘酒からソフトクリームを作って販売しています。農業といえばどうしても、なんらかの無駄が発生するのが一般的ですが、私たちは無駄を極力出さない、サステナブルな新しいビジネスモデルを構築することに成功しました。

　葬儀会社が農業を始めたというと多くの人は、まったく関連のない異業種に参入したと思うかもしれませんが、私にとっては必然でした。

　葬儀業界の市場が縮小していくなかで、私は葬儀の事業を拡大して売上を追求していくのではなく、利益率を改善させる方向に舵を切ったのですが、その際にまず取り組んだのが外注業務の内製化です。利益率を改善させるというと、原価を低減しようとする企業が少なくないと思いますが、私の場合はそうではなく、外注業務を内製化することに目を付けました。もちろん内製化には一定の投資なども必要になりますが、そこはまず簿記から学んで決算書を自分で作れるようになり、投資とリターンのバランスについて細かなシミュレーションを繰り返しました。そして内製化によって利益率の改善が実現できたことで、結果的に農業をはじめとする複数の異業種参入につながったのです。

葬儀会社の外注業務は多岐にわたります。葬儀で使う生花の仕入れ、葬儀や法事の仕出しの製造などさまざまあるのですが、それらを次々と内製化していきました。例えば生花を扱う子会社を設立し、蕾（つぼみ）の状態の生花を仕入れ一般消費者向けの小売も始めます。つまり一般向けには蕾の状態で売り、花が開いてきたものは葬儀用に使用することで無駄を省き、かつ、利益を最大化できます。また、料理や弁当の製造、販売を手掛ける子会社を立ち上げ、それまで外注していた弁当や料理を自前の厨房で作ることにしました。最初は和食の職人を雇ったのですがオペレーションやコスト管理について意見が合わず、私自身がパートさんたちと一緒に厨房に立って顧客に喜ばれつつ利益も確保できる仕組みをつくりました。

生花と仕出しの内製化はいずれも最初から劇的に利益率が改善したわけではありません。しかし大事なことは、コストコントロールと利益確保の仕組みを具体的な数字に基づき自分たちで確立することです。それができればあとはコツコツ広げていくだけです。

そして、仕出しの内製化が軌道に乗ったのちに取り掛かったのが、葬儀の返礼品に使える商品を作ることです。10年以上前からいずれインフレの時代が来ると予想し、サービス業としての葬儀業だけでなくモノづくりに目を付けたのです。返礼品の定番である海苔やお茶、おかきなどから検討を進め、紆余曲折を経てたどりついたのが米でした。米であれば返礼品としてだけでなく、仕出しや他の加工品などでも活用できるため、生花同様、無駄を省くことができます。10年前には北海道に農業生産法人を設立し、7haからスタートした田畑の面積は今では52haにまで拡大しています。ここで大事なことは自分たちで作った生産物や商品は自分たちですべて売るということです。自分たちで作り、加工し、売ることで利益を最大化できます。

こうした経験を踏まえていえるのは、既存事業の外注業務に目を付けて取り込み、自分たちで利益と販路をコントロールしながら新たな分野に参入すれば、中小企業にとっても大きなビジネスチャンスがあるということです。

本書では、私が実際にどのようにして外注業務の内製化を実現し、さらには異業種に参入していったのか、その視点や発想、取り組みを紹介します。

この本が一人でも多くの経営者にとって、新規事業展開を成功させ、未来を切り拓くヒントになれば幸いです。

目次

第2章　生き残りの糸口は外注業務にある！ 葬儀で使う花や料理を内製化して行き着いた「農業への参入」

第3章 異業種からの参入だからできる新しい農業 葬儀会社から見た米作りにはチャンスが溢れている

第4章 無駄をビジネスに変える 田んぼからできたものはすべて商品化するSDGs戦略

第5章

変わらないことが最大の経営リスク 既存事業も新規事業も柔軟な発想とスピーディーな行動で生き残る

第1章

人口減少に伴い葬儀業界のマーケットは縮小する一方過去の延長線上で勝負しても生き残るのは困難

●毎年100万人が減る時代、倒産する企業も増えている

日本の人口が減少し続けています。総務省のデータによると2004年の1億2784万人をピークに減り続けており、2023年の人口は1億2447万人と337万人も減っているのです。今後も減少傾向は続くと見られ、2030年に1億1522万人、2050年に9515万人になるとの予測もあります。

人口減少の最大の理由は出生数の減少です。厚生労働省のデータによると、日本の出生数は1973年に約209万人を記録して以降、おおむね右肩下がりで減っており、2022年は約80万人で過去最少となっています。80万人を下回るのは、想定より8年早いともいわれています。

さらに注目すべきは、年間の減少率（5・1％）が2021年の3・5％減より拡大していることです。2022年の出生数を月ごとに見ると12月は前年同月に比べて6・9％減っており、減少率は4カ月続けて拡大しています。

出生数の減少が加速化し、少子化がますます進行するのは明白です。

人口減少に伴い葬儀業界のマーケットは縮小する一方
過去の延長線上で勝負しても生き残るのは困難

［図表１］　出生数の推移

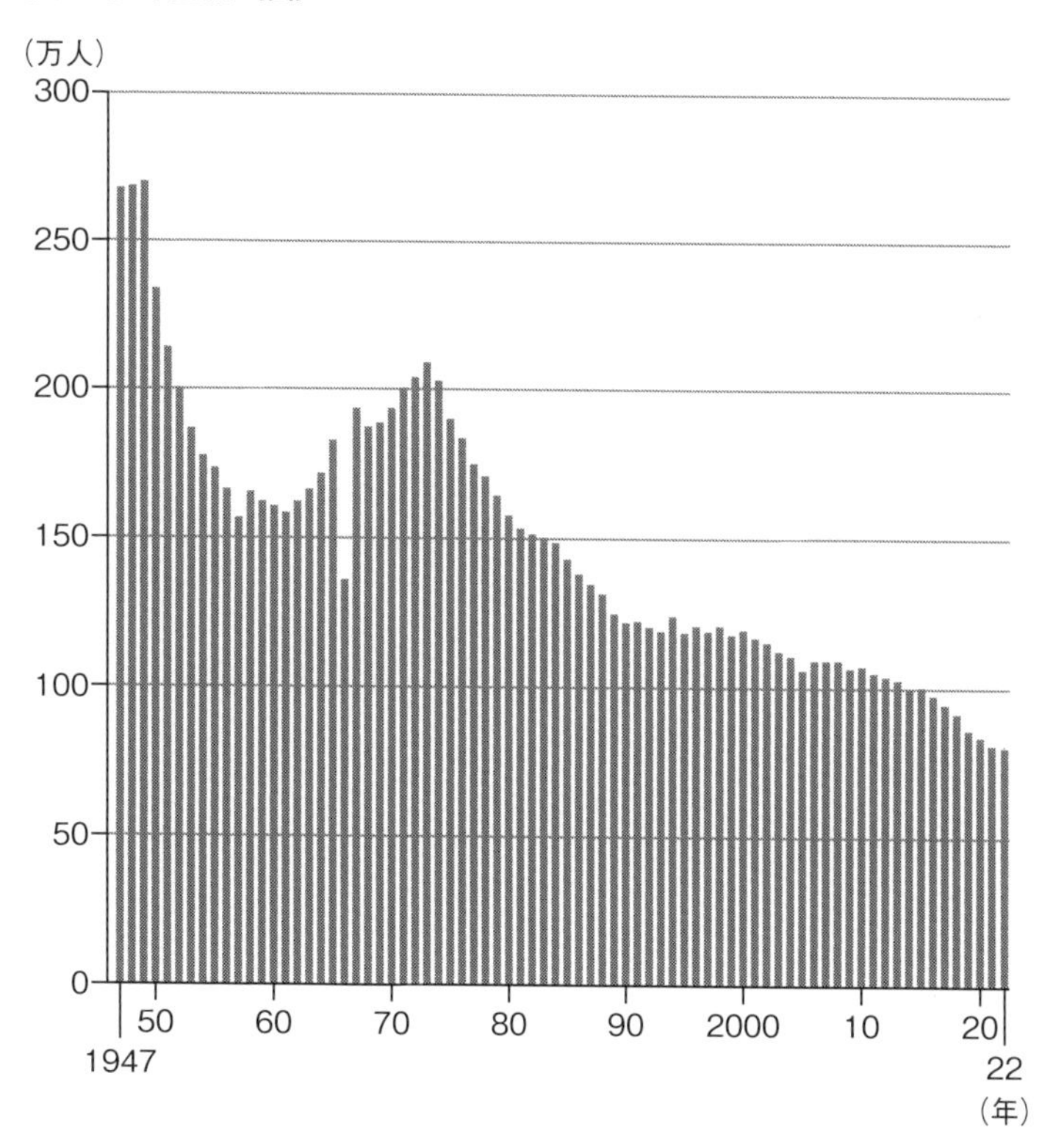

出典：厚生労働省資料

［図表２］　人口が100万人以下の県

（人）

香 川 県	933,758
秋 田 県	929,937
和歌山県	903,172
山 梨 県	801,620
佐 賀 県	800,511
福 井 県	752,976
徳 島 県	703,745
高 知 県	675,710
島 根 県	657,842
鳥 取 県	543,615

※2022年10月1日時点

出典：総務省 国勢調査結果（2022年）

出生数の減少とそれに伴う総人口の減少は、国内市場を基盤としている多くの中小企業にとって死活問題です。

すでに足元では企業の倒産件数が増え始めています。

東京商工リサーチの発表では２０２２年の倒産件数（負債総額１０００万円以上）は、前年比６・６％増の６４２８件と、３年ぶりに前年を上回りました。

リーマンショック後の２００９年以降は倒産件数の減少傾向が続いており、特にコロナ禍では実質無利子・無担保の「ゼロゼロ融資」など手厚い金融支援の効果で、２０２１年は57年ぶりの低水準でした。

しかし、コロナ禍も落ちつき経済社会活動が再開し始めたなか、今度は人手不足やエネルギー価格の高騰によって行き詰まる企業が増えているのです。

さらに、倒産件数が増えているのに加えて負債総額も増えています。２０２２年の負

［図表3］　企業倒産件数の推移

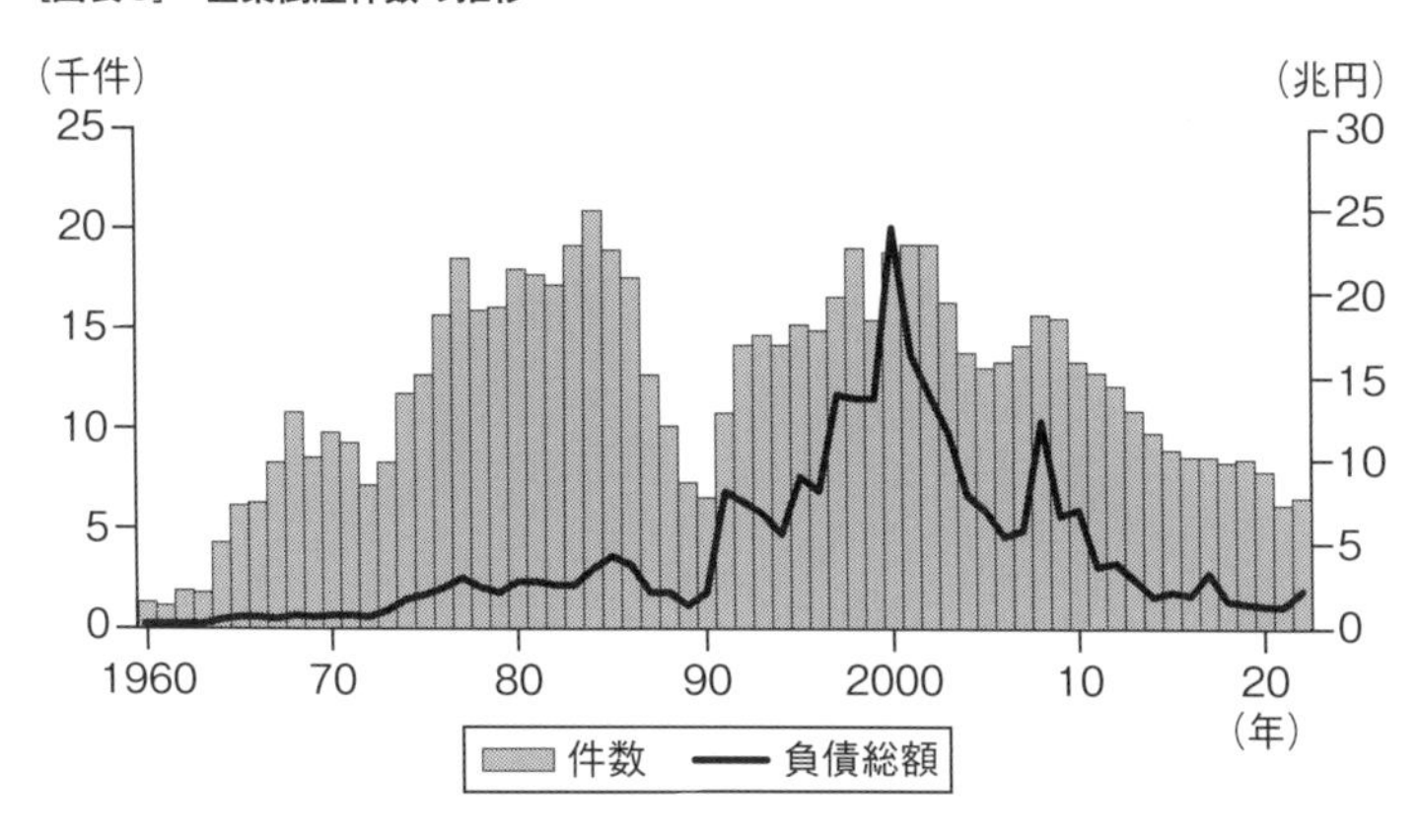

出典：東京商工リサーチ資料（2022年）

債総額は2兆3314億円で、前年の1兆1507億円の2倍以上になっているのです。

時代とともに変わる顧客ニーズ

企業が生き残るうえで、顧客ニーズの変化も見逃せない要因です。

時代とともに顧客が求めるものは変わっており、その変化に対応できない企業は淘汰されていきます。私の会社が属する葬儀業界も、顧客ニーズの変化の渦中にあります。かつてのような大人数が集まる葬儀は徐々に少なくなり、家族葬のような少人数の葬儀が増えています。

私は母方の祖母が創業した葬儀会社を1998年に引き継ぎ、現在は葬儀業と農業を中心に8つの事業会社からなる持株会社の代表取締役を務めています。本社は千葉県君津市にありますが、北海道や神奈川にも拠点があり、今後も事業エリアを順次、広げていく予定です。

葬儀会社を引き継いだ当時、会社は債務超過寸前で周りから見たら〝いつつぶれてもおかしくない〟状態でした。確かに危機的ではありましたが、私は決算書を分析して問題点を把握できていましたし、社会や顧客ニーズの変化について自分なりの見通しをもっていました。

1991年のバブル崩壊時、日本はデフレ経済に突入し、すでに出生率の低下による少子化が進んでいました。葬祭業の分野では、核家族化が進んだ影響もあって家族観が変容し、求められるサービスが変わり始めていました。

かつての葬儀は「家制度」における家長の交代を知らせるものでした。それが「家」に対する価値観が変わるなかで個人の弔いに重きをおくようになり、葬儀でもそこに焦点をおくサービスが求められるようになっていました。私はそういった社会の流れを察知して、今後は親しい親族のみで葬儀を行う規模の小さな葬儀、今でいう「家族葬」が増えていくだろうと考えていました。つまり単価が下がり、業界全体で規模縮小を余儀なくされることが予測されたため、早い段階からそれに備えた新規事業の開拓が必要だろうと予測を立てていたのです。

高齢化というと、葬儀の件数は増加し市場規模が拡大して葬儀業者は上向くのではないかと思われますが、実際にはそうはいきません。「市場規模」＝「葬儀の件数」×「葬儀1件あたりの単価」ですから、高齢者が増えることで葬儀の件数は増えていくものの、葬儀の規模が小さくなることで単価が減少し、従来どおりの経営では立ちいかなくなるのです。この負担にどう対応するのかというのが課題でした。

●葬儀会社はレンタル業からサービス業へ

そもそも葬儀業とは人が亡くなった際、遺族の依頼を受けて通夜や葬儀、火葬など一連の儀式や遺体の処置を行うため、さまざまな役務や物品を提供するサービス業です。現代では、通夜や葬儀は葬儀式場（セレモニーホール）で行い、さまざまな準備や手配、儀式の進行などは葬儀会社にすべて任せるのが当たり前になっています。

しかし、1980年代前半頃まで葬儀は親類縁者や地域の人たちが中心になって自宅、お寺、地域の集会所などで行うのが一般的でした。その頃の葬儀会社は柩や祭壇、花環などの備品や霊柩車などを貸し出すのが主な業務であり、いわば葬儀専門のレンタル業でした。

それが1980年代後半からのバブル期、地域社会の慣習として執り行われてきた葬儀に故人や喪主の仕事関係者まで参列するようになり、会葬者が急速に増えていきました。100人、200人が一堂に集まれる施設が求められ、全国各地にセレモニーホールが次々と作られるようになりました。これが葬儀業におけるレンタル業からサービス業への転換を促しました。

さらに2000年を越えると、高齢化に伴い死者数が増えていきました。その人らしさを演出するサービスが増え、生前から葬儀をどうするかなど自分が亡くなったあとのことを決めておく「終活」がブームにもなって、葬儀に対するニーズが多様化しました。

需要の高まりに対応して葬儀業の取扱事業者数は急速に増え、2000年に500あまりだったものが2022年には5倍近くまでになっています。

人口減少に伴い葬儀業界のマーケットは縮小する一方
過去の延長線上で勝負しても生き残るのは困難

［図表4］ 葬儀業取扱事業者数

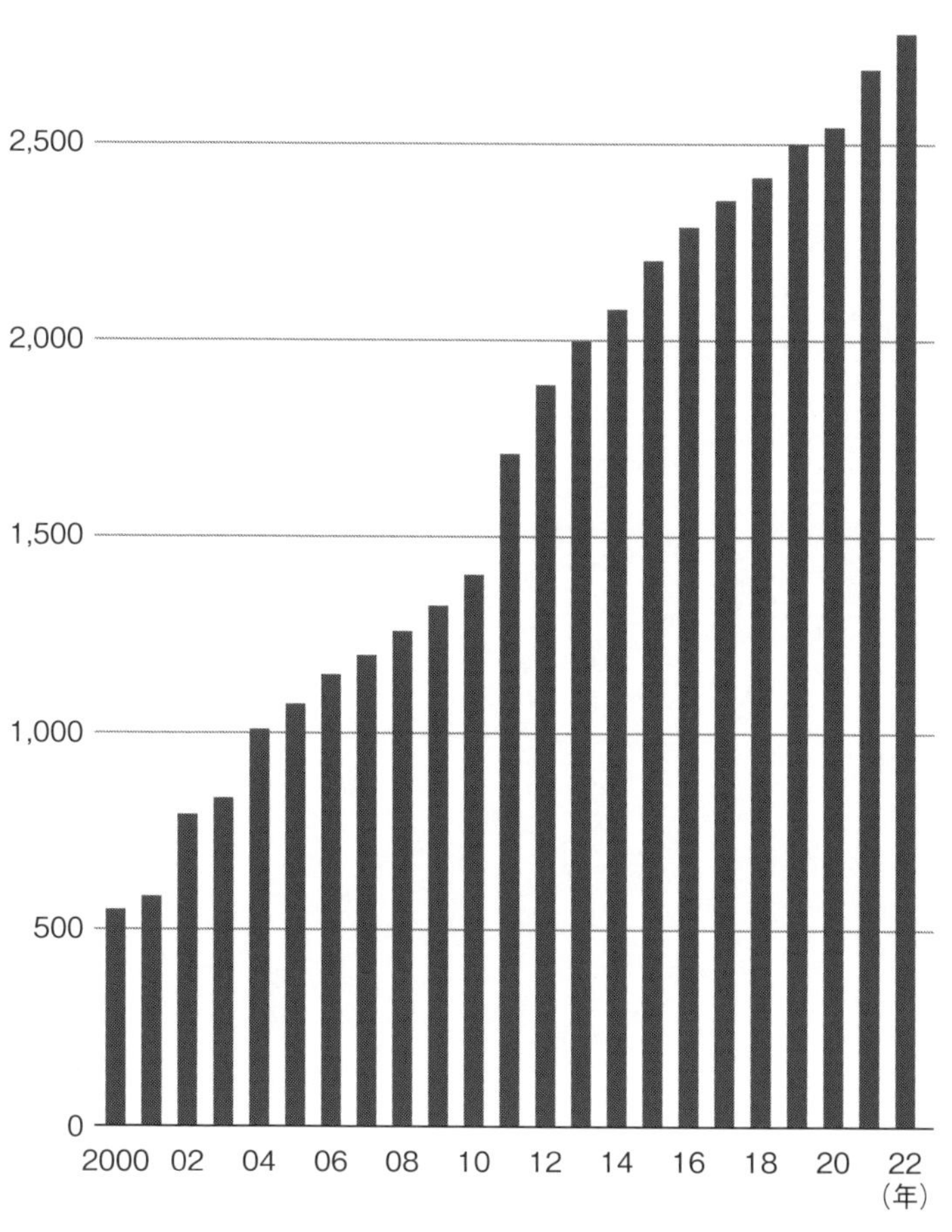

出典：経済産業省「特定サービス産業動態統計調査」

●急速に経営環境が悪化

これだけ見ると、葬儀業の市場は拡大しているようにも考えられます。しかし、実態は拡大どころか、静かに縮小化が進んでいます。

なぜなら、私が予期していたとおりこの20年ほどで葬儀はどんどん規模が小さくなり、その分、葬儀場の設営費、飲食代や返礼品など1件あたりの支出額（売上高）が減っているのです。

葬儀には大きく分けて一般葬、家族葬、直葬があります。

一般葬は昔ながらのオーソドックスなスタイルで、お通夜と葬儀・告別式を2日間にわたって行います。お通夜は通常、1日目の夜に行われ、遺族と参列者が故人を偲び、さらに近しい人たちが一緒に食事をしたりします。通夜の翌日は故人が信仰していた宗教の儀礼にのっとって故人を送る葬儀式、そして遺族や参列者が故人に別れを告げる告別式が行われます。1980年代頃にはそれらすべてに参列することは減り、お通夜と葬儀式・告別式のいずれかに出向くということが一般的になっていましたが、それでも参列者はかなりの人数であり、費用に関してもまとまった金額が掛けられました。

［図表5］ 葬儀１件あたりの売上高の推移

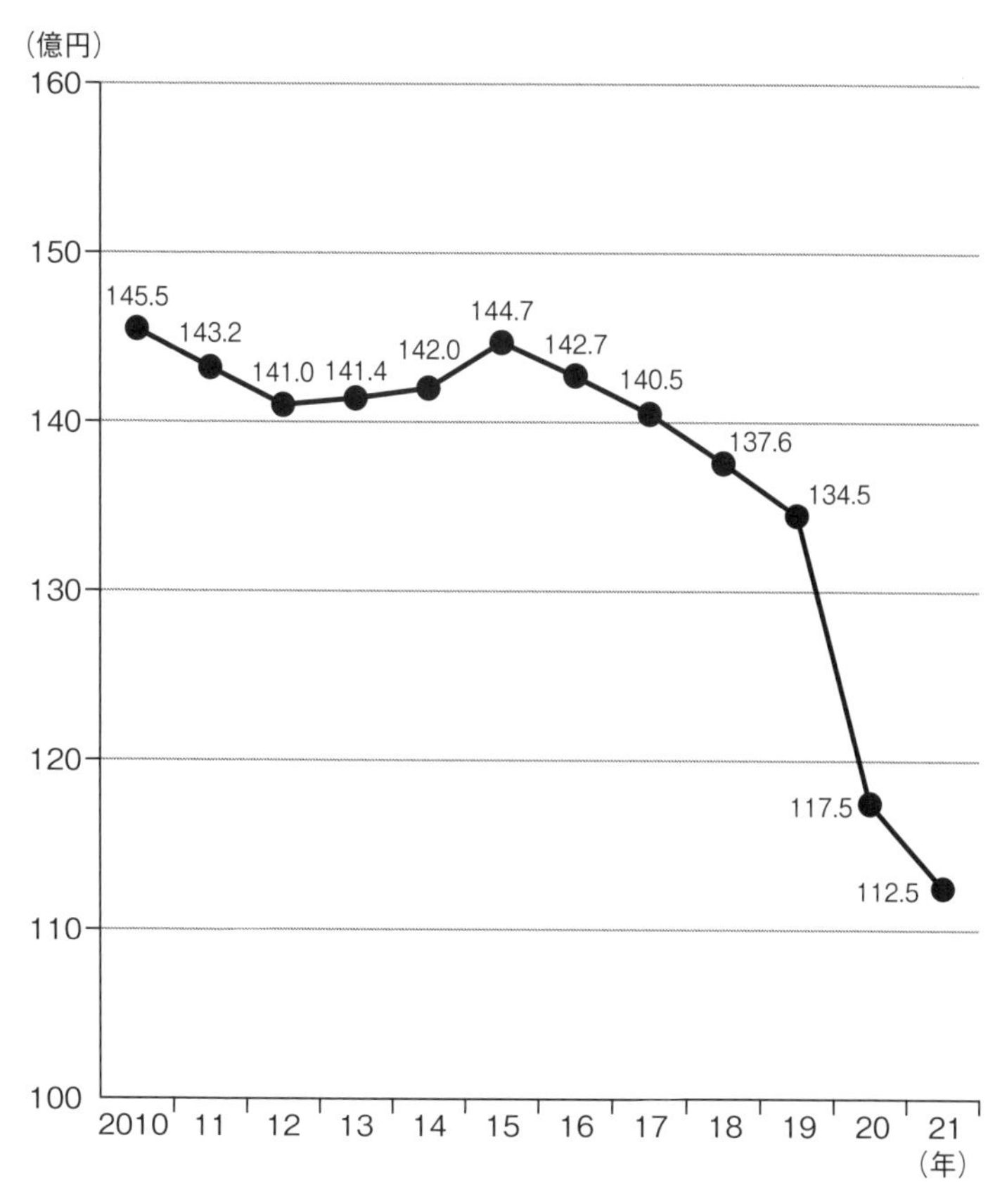

※数字は葬儀業の売上高÷取扱件数

出典：経済産業省「特定サービス産業動態統計調査」

これに対し20年くらい前から増えてきたのが家族葬です。家族葬に明確な定義はありませんが、基本的にはお通夜、葬儀式・告別式いずれも遺族や親族のみの少人数で行われるものです。参列者への気遣いや準備などがほとんどいらず、近しい人たちだけで故人とゆっくりお別れの時間を過ごせることから人気が高まっています。

さらに直葬は、お通夜だけでなく葬儀式・告別式なども行わず、納棺後すぐに火葬にして骨壺に納めるものです。家族葬よりさらに小規模かつ身内だけで行うケースがほとんどです。コロナ禍では親族さえ立ち会わずに行われていました。

その結果として、葬儀1件あたりの売上高は急速に低下してきているのです。葬儀業取扱事業者は増えているのに、葬儀の単価は減っており、葬儀業の経営環境は大幅に悪化しています。特に大型のセレモニーホールを保有している葬儀業者の経営はかなり苦しくなっています。

●今後、市場は緩やかに縮小

こうした傾向は今後も続くのは間違いなく、葬儀業界の先行きは暗いといわざるを得ません。さらに、人が集まることが前提で成り立っているサービス業ですから、新型コロナウイルスの感染拡大の影響は深刻なものでした。経営に苦しんでいた業者にとってはまさに泣きっ面に蜂というべき追い打ちとなっています。

経済産業省のデータとは前提が異なりますが、矢野経済研究所の調べでは、2020年の葬祭（フューネラル）ビジネス市場規模はコロナ禍で前年比83・1％の1兆5060億円に落ち込んでいます。そして今後、多少は盛り返すものの2030年時点でも1兆6959億円にとどまり、コロナ前の水準には戻らない見込みだとしています。

市場が縮小し競争が激しくなれば大手企業の寡占が進み、多くの事業者が淘汰されるというのが他の業界では一般的ですが、葬儀業ではそうならないと思います。なぜなら、葬儀業が狭い商圏のなかで地域と密接に関わるビジネスであるためです。火葬は地元の斎場（火葬場）を利用するので葬儀も地元の葬儀会場、葬儀会社が利用されます。わざわざ遠方で行うということはほとんどありません。それも亡くなった人の自宅から車でおよそ30分圏内が一般的です。そのため中小零細企業が多く、全国展開する大手はごく少数です。

このまま全国に散在する中小の葬儀業者が徐々に収益を失い数を減らしていったのち、生き残った業者が規模を縮小しながら細々と経営を続けていくだろうという見通しです。

［図表 6］　葬祭ビジネス市場規模推移・予測

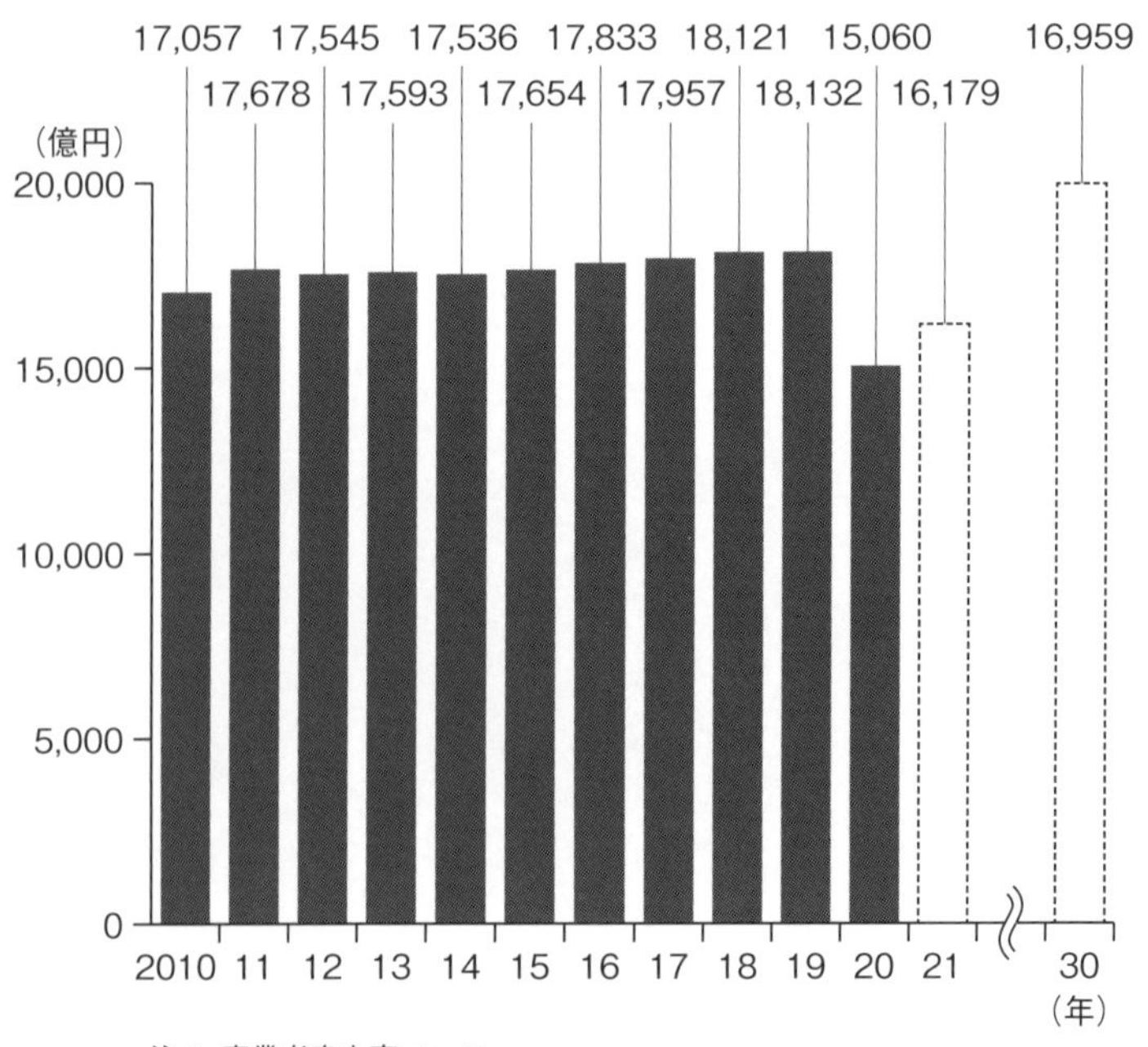

注 1. 事業者売上高ベース

注 2. 2021 年、2030 年は予測値

出典：矢野経済研究所調べ

●甘い考えで転職した葬儀会社は倒産寸前

私は大学卒業後、大手運輸企業の子会社で働いていました。そして３年ほどした１９９４年、母方の祖母が創業した葬儀会社に誘われて転職したのですが、当時、葬儀業界についてはほとんど何も知りませんでした。

祖母は横浜の野毛や伊勢佐木町界隈でスナックとクラブを5店舗経営していたビジネスマインド溢れる人だったのですが、50歳ですっぱりとリタイアし、店を全部売り払って南房総の鋸南町に家を建て、悠々自適の隠居生活を始めました。

ところがその後、突然起業を決意して周囲を驚かせます。しかも葬儀業ということで親戚一同は猛反対だったのですが、それを押し切って１９８６年に会社を立ち上げました。祖母によると、近所の葬式に参列したときに設営や運営のレベルが低いことに驚いたのがきっかけで、根っからのビジネスマインドに再び火が付いたということでした。

当時、私は大学生で祖母が葬儀業を始めるという話は聞いていましたが、小学生の頃からずっと会っていませんでしたし、気にも留めていませんでした。ただ、母から「おばあちゃんが新しい会社をつくったから顔を見せに行っておいで」と言われ、葬儀業という未知の業者に対する好奇心から、夏の間1カ月ほどアルバイトに行ったことがありました。

それが突然、社会人になってから「支度金を渡すからうちに来なさい」と祖母が連絡してきたのです。祖母にとって私は外孫の次男であり、正直どうして自分が指名を受けたのかさっぱり分からないながらも、応じることにしました。

祖母の血筋なのか、もともとビジネスに興味があったことも転職した理由の一つです。経営者として経験豊富な祖母のやり方を近くで学べるというメリットを感じていました。また、中高生の頃はちょうどスーパーカーブームの世代で、将来は社長になってフェラーリに乗りたいなどといった甘い考えもあったため、自分でゼロからビジネスを立ち上げるよりも、当時すでに売上が1億円以上あった祖母の会社を継げる可能性があるなら悪くないと思い、転職を決めたのです。

●多額の投資で資金繰りが悪化

ところが、そんな甘い考えはいきなり打ち砕かれました。私が転職する前年、祖母の葬儀会社は当時の売上の倍以上の資金を借り入れ、初めてのセレモニーホールを千葉県君津市に建てたのです。それまで自宅やお寺、集会所での葬儀が中心だったのが、セレモニーホールでの葬儀にシフトするという時代の流れを読んだ祖母の判断自体は間違ってはいませんでした。

ただ、千葉の南房総では都市部に比べるとタイミングが少し早かったのです。思ったほど利用者が集まらず、会社の資金繰りは急速に悪化していました。

当時、社員が6人で祖母ともう一人の親族が役員という構成でした。地元の葬儀業界では最後発であり、なかなか市場に食い込めていなかったということもあり、祖母は反転攻勢をかけようとしていたのです。そのための要員として私が引っ張られたのだろうと思いますが、市場規模が徐々に縮小しつつあるなかで従来どおりの営業をいくら頑張ってみても、先は見えているというのが私の率直な思いでした。

そこで入社した私はさっそく、新しい営業施策を考えました。例えば、地元で名の知れた先発組に対抗して個人の顧客を獲得するのは難しいと考え、労働組合といった法人先を開拓することにしました。葬儀の費用でそこそこの金額になるのが白木でできた祭壇のレンタル料です。そこで生協や労働組合にあらかじめ専用の祭壇を買ってもらい、組合員はそれを割安に利用するという提案を行い、一定の成果を上げました。

ただ、ほかにも新しいアイデアをいろいろ出したものの、業界の常識が染み込んでいた祖母や親族の役員とは意見が合いません。祖母からの期待は感じていましたし、私なりに意欲をもって会社の立て直しに知恵を絞っていたのですが、親族の役員との関係性に気を使う面もあり、お互いに相手に対して踏み込み切れない、もどかしい状態になっていました。

そうこうするうち、会社の経営状態はますます悪くなっていきます。まだ20代半ば過ぎの私には再び転職する手もありましたが、せっかく祖母が立ち上げた会社ですし、投げ出すのも嫌でした。立て直しの方策はいくつか腹にありましたが、それを押し通せるほどの説得力が自分にあるだろうかという葛藤もありました。

しかしあるとき、祖母から「お前がなんとかしてくれ」と言われ、自分の手で立て直すしかないのだと腹をくくりました。

●経営権を引き継ぎコストカットに着手

立て直しのために進むべき方向は私のなかで見えていました。ただ、祖母の会社であるということや、親戚の役員との関係性がいわば足かせになってしまっていて、そのままでは何もできないという状態でした。

変化しなければ生き残ることは難しいという危機感が私にはありました。葬儀業の常識の枠に収まっていようとすることは、淘汰を待つことと同じだと考えていました。しかし、祖母と役員の親族や既存の社員たちは会社の業績を戻したいと願ってはいても、それはあくまでも過去の延長線上の話であって、私が言うような業態自体を見直すような変化は求めていなかったのです。私は祖母と親族の役員に対して、自分に株式を渡して経営を任せてもらいたいと要求し、そうでなければ自分が辞めると迫りました。

当時、会社は債務超過寸前で株価はほぼゼロであり、株の譲渡に税務上の問題はありません。また万が一、会社が倒産ということになれば個人保証をしている祖母や親族の役員の個人資産にも影響が及びます。

さらに私は、祖母と親族の役員に退職金を支払うことを約束しました。中小企業ではよく役員への退職金の代わりに会社に籍を何年か残し、役員報酬の形で渡すといったことを行います。業績が悪くなれば金額を減らし、役員が早く亡くなればそれ以降の支払いは不要です。しかし、それでは経営権の所在が曖昧になります。

結局、当面は祖母と親族の役員には実質上、経営から手を引いてもらい、会社再建の目途が立った段階で退職金を支払い、株をすべて私に渡してもらうことにしました。そして

4年後にそれを実現しました。

実質的に経営を引き継いだ段階で私がまず着手したのは、コストカットです。祖母が持っていた会社名義のクレジットカードを停止し、役員報酬を大幅に引き下げました。また、社長室や役員室をなくし、業務効率をアップするため事務スペースや葬儀用品などの在庫スペースを広くしました。ちなみに、現在も私は本社の倉庫を社長室として使っています。

さらに取り組んだのが社員の意識改革です。それまで会社は祖母の「Myカンパニー」であって、社員も会社のためというより祖母の顔色をうかがうようなところがありました。祖母に悪気はないのですが、自分の言うことをよく聞く社員にはボーナスを多めに出すようなことをしていました。

これを正さないと会社の立て直しができないと考え、社員への説明と説得を始めましたが、既存の社員はなかなか話を聞いてくれません。会社がつぶれれば社員にとっても大きなマイナスなのですが、それまでのやり方を変えられないのです。

こちらは会社がつぶれるかどうかの瀬戸際です。腹をくくって社員ととことん話し合ったり、時には頑固な相手になんとかこちらの言い分を分かってもらいたくて、つい大声を上げたりすることもありました。

●中小企業に厳しい金融機関

今振り返ると、祖母や親族の役員との対決や社員の意識改革はそれほど大したことではありませんでした。最もこたえたのは金融機関からのプレッシャーです。事業再生計画の進捗状況はどうか、次の四半期の受注見通しはどうかといった連絡が毎日のように入るのです。

特にある銀行の支店長からは「今すぐ耳をそろえて金を返しに来い！」と電話ごしに大声で言われたことがあります。その銀行からは長期の設備投資資金のほか毎月の運転資金も借りていました。あるとき、運転資金の借り換えをお願いしたら仕組債を買ってくれないかと言われ、私も若かったのでさして検討することもなくはねのけるように断ったのです。その態度が生意気で礼を失していると思われたのだろうと思います。その後もいろいろもめたり重圧を掛けられたりすることが重なって、中小企業の経営者にとっていちばんの幸せは、債権者から取り立てを受けないことだと身に染みて感じました。

手元に5万円とか10万円の資金はあります。しかし、100万円、200万円となるとどうしようもありません。それが工面できなくて倒産すると、身ぐるみはがされ再起不能になりかねないという恐怖心をリアルに感じました。

債権者からの取り立てさえなければどんなに心穏やかに毎日を送ることができるか……。このときの経験が経営者としての私の原点であり、強烈なトラウマになった出来事でした。

●決算書を読むことで対策が見えてくる

金融機関からのプレッシャーに耐える日々のなか、自分が会社の経営状況、特に財務内容についてよく分かっていないということに気づきました。

企業は毎年、損益計算書（ＰＬ）や貸借対照表（ＢＳ）といった決算書をまとめ、税金の申告を行ったり取引している金融機関に提出したりします。財務の計算と税金の計算は少し違いますが、いずれにしろ会社の経営状況を数字で把握する必要があります。

ところが私の会社では祖母の時代から決算書の作成や税金の申告はすべて顧問税理士に任せていました。毎年、決算前になってようやく1年分の売上と経費がいくらで、利益がどれくらい出ているのかが分かるといった状況でした。これが、祖母の会社のいちばんの弱点だったと、私は今でも思っています。セレモニーホールを建てたことで窮地に陥ったという「失敗」も、ここに原因があるのです。

あらかじめ決まっている役員報酬などはまだ分かりやすいですが、事業のなかでどこに問題があり、それはなぜなのかは決算書の数字が読めないと話になりません。頭が痛いというので額に湿布薬を貼っているようなものです。頭痛の原因は何なのかが分かっていなければ対策の施しようがありません。

私は決算書が読めるようにならなければならないと強く感じ、そして自分でも作れるようになろうと決心しました。銀行のセミナーでゼロから簿記を学び、参考書を読んだり、専門家にも教えてもらったりして、とにかく猛勉強しました。背水の陣でやっていますから頭に入るのも早く、半年ほどするとPLやBSの仕組みが理解できるようになり、自社のどこに問題があるのかが見えてきました。

よくいわれることですが、中小企業の経営者は意外に決算書が読めません。金融機関は中小企業に対し、経営者の資産を担保にとって資金を貸すことをずっと行ってきましたし、今もそれを引きずっています。そうではなく、経営者が決算書を読めるかどうかを見て貸し付けの金利に差を付ければ多くの中小企業の経営はきっと良くなると思います。

●金融機関との取引を見直す

金融機関との関係は中小企業にとって死活的に重要です。かといって、金融機関のほうばかり向いているのもどうかと思います。

祖母の葬儀会社を引き継いだ頃は、都銀のほか地元にあるほとんどの金融機関と付き合っていて、決算期になると決算書を持って一軒ずつ回っており、それだけでかなりの手間と時間を取られていました。

財務内容を立て直すとともにこうした金融機関との取引を見直し、その後メインの地銀を中心にかなり絞りました。また、各金融機関の担当者が月初に前月の月次決算を確認しにやってきてくれるので、こちらから出向くということも減りました。

よくいわれるように、金融機関はこちらの財務状況が良くなり、決算も短いスパンで把握できると安心してくれます。そして、借入の提案を向こうからしてくれるようになります。最近では私募債の形での資金調達を行ったりしています。さらに金融機関によっては人材育成のための各種セミナーや新しい事業開拓のためのサポートなどに力を入れているところもあり、中小企業にとってとても役に立ちます。

資金繰りだけでなく一種のコンサルタントやシンクタンクとして金融機関を活用していくとよいと思います。

第2章

生き残りの糸口は外注業務にある！葬儀で使う花や料理を内製化して行き着いた「農業への参入」

1 アフターコロナの中小企業経営

●ゼロゼロ融資の功罪

中小企業の経営にとって今後、人手不足と並んで大きな足かせになりかねないのが「ゼロゼロ融資」です。2020年3月に始まったゼロゼロ融資は、コロナ禍で売上高が減少した企業を支援するため最長5年まで元金の返済を猶予し、さらに最初の3年間は都道府県が利子を補給することで企業側の利払いを実質免除するというものです。2022年9月末までに民間と政府系金融機関で計約43兆円が融資されました。

この金融支援は多くの中小企業にとって確かにコロナ禍においては大きな助けになりましたが、新規実行は2022年で終わり、返済がこれから本格化します。しかもそこに円安や物価高、人手不足が重なっています。

コロナ禍では金融機関のほうから、なるべく借りておいたほうがいいと勧められるケースもあったようです。金融機関にとっては将来、貸し付けた企業が返済できなくなっても信用保証協会が肩代わりしてくれます。なかにはゼロゼロ融資を借りやすくするため取引先企業の業績を改ざんしていた金融機関もあったそうです。

実際には、万が一に備えてゼロゼロ融資を利用したもののそのまま手つかずにしておきすぐ返済を始めた企業が大部分ですが、もともと経営状態が良くないところにさらに借入を増やして運転資金に充てただけというケースもあります。それは結局、本業の儲けでは利子さえ払えない「ゾンビ企業」を増やしただけです。

ゾンビ企業とは、本業の利益では借入金の利子が支払えないものの、金融機関や政府機関の支援によってなんとか生きながらえている企業のことです。具体的には、国際決済銀行（ＢＩＳ）が「３年連続でインタレスト・カバレッジ・レシオ（ＩＣＲ）が１未満、かつ設立10年以上」と定義しています。

この定義に基づいて帝国データバンクが調査したところ、２０２１年度のゾンビ企業は推定18・８万社にのぼり、２０２０年度の16・６万社から大幅に増加したといいます。これは全企業の１割強にあたり、今後さらに上昇する可能性があります。

●補助金という危険なワナ

ゼロゼロ融資の件を見て思うのは、補助金や助成金、低利融資というのは一見、中小企業の経営にとってメリットがあり、使わなければ損であるかのように思いがちですが、むしろ危険なワナになりかねないということです。

ビジネスの基本は、顧客のニーズや課題に応える商品やサービスを提供して対価をもらい、それで人件費をはじめ各種経費を賄い、会社の内部留保を厚くして、新たな設備投資や事業展開に投資していくことです。このサイクルを回すために経営者は、どうすれば顧客を満足させ、利益を増やすことができ、従業員に長く働いてもらえるのかを考え、手を打たなければなりません。

具体的な手を打つ際、補助金などがあると助かります。しかし、いつしか補助金の有無が、事業を行うか否かを決定するための最大の基準になるのが怖いのです。補助金などとセットで営業をしてくる企業やコンサルタントもいて補助金目当てで不要な設備を導入してもてあましたり、さまざまな要件を満たすために不正を働いてみたりといったことが起こります。

また、農業にも多くの補助金や助成金、低利融資が存在します。そして、農家のなかには次の年の作付けをどうするか決める際、補助金などのリストを見ながら作物の種類を決めているケースもあると聞きます。そんな農業が強くなるはずがありません。

もともと必要な施策や投資をするという経営判断が先にあり、それをスムーズに行うために補助金などを使うというのなら分かります。

補助金などが使えるかどうかを意思決定の基準にしているようでは経営とはいえません。中小企業であれ農家であれ補助金のことばかり気にしているような事業者がこれからの厳しい時代に生き残れるとはとても思えません。

●中小企業とイノベーション

これからの厳しい時代に生き残っていくためには、中小企業にこそイノベーションが必要です。イノベーションとは、20世紀前半に活躍したオーストリア出身の経済学者シュンペーターが唱えた資本主義経済が発展する原動力についての概念です。

一般的にイノベーションというと、これまでにないまったく新しい技術や商品、サービスを生み出すことというイメージがありますが、決して世界中の誰も考えないような特殊

[図表7]　シュンペーターによる5種類のイノベーション

プロダクト・イノベーション	消費者の間でまだ知られていない財貨、あるいは新しい品質の財貨の生産
プロセス・イノベーション	新しい生産方法の導入
マーケット・イノベーション	新しい販路の開拓
サプライチェーン・イノベーション	原料あるいは半製品の新しい供給源の獲得
オーガニゼーション・イノベーション	新しい組織の実現

出典：シュンペーター『経済発展の理論』（日本経済新聞出版）を参考に著者作成

な発想が必要なわけではありません。シュンペーターはイノベーションを「経済活動のなかで生産手段や資源、労働力などをそれまでとは異なる仕方で新結合すること」と述べ、5つに分類しています。イノベーションとはすでにある何かと何かをこれまでにないやり方で結びつけるという点がポイントです。

事業に必要な要件をしっかりと見据え、それまで点と点だったものを結びつけることが大切だというだけのことで、実はイノベーションとは誰でもやっているようなありふれた思考に過ぎないともいえます。しかし、業界の習慣に埋没していたり、現状を肯定する気持ちが強かったりすると、その枠を破るのは難しくなります。こうした「新結合」を成し遂げた企業が新しい価値を生み出し、経済や社会の発展に寄与するとともに、自社も大きく成長することができるのです。

とりわけ世界中で非連続な変化が立て続けに起こり、業界の垣根を超えた競争が激化している現在、中小企業が生き残るためにはイノベーションが不可欠なことは多くの人の共通認識になっています。

例えば、地域の総合経済団体として中小企業の支援などを行っている東京商工会議所では中小企業におけるイノベーションについての提言において「売上や業務の効率化など生産性向上に寄与し、経済的な価値を生み出す、課題解決に向けた企業における新たな取り組み」を指すとしています。

あるいは少し前になりますが、「中小企業白書２００９年版」によると、「そもそも『イノベーション』とは、一般に、企業が新たな製品を開発したり、生産工程を改善するなどの〝技術革新〟だけにとどまらず、新しい販路を開拓したり、新しい組織形態を導入することなども含むものであり、広く〝革新〟を意味する概念である。特に、中小企業にとってのイノベーションは、研究開発活動だけでなく、アイデアのひらめきをきっかけとした新たな製品・サービスの開発、創意工夫など、自らの事業の進歩を実現することを広く包含するものである」と述べています。

また、同白書では中小企業によるイノベーションには、①経営者のリーダーシップ、②日常生活におけるアイデアや現場での創意工夫の具現化、③ニッチ市場の開拓という3つの特徴があり、これらを踏まえたうえで経営者と社員、部門間の一体感・連帯感、個別ニーズにきめ細かく応じる柔軟な対応力といった強みを活かしていくことが大事だとしています。こうした考え方と取り組みが、今こそ多くの中小企業に求められているのです。

2　外注業務の内製化と従業員のマルチワーカー化

●中小企業の生き残りには新事業展開が不可欠

中小企業がイノベーションを発揮して厳しい経営環境を乗り越えていくには、これまでの本業にしがみついているだけではだめです。鍵を握るのが新事業展開です。

一般に新事業展開とは、新市場開拓、新製品開発、多角化、事業転換の4つです（経済産業省「中小企業白書2017年版」）。

実際に多くの中小企業がこれらの新事業展開に取り組んでいますが、その成功の確率は1～3割程度ではないかといわれます。私の会社の場合、葬儀業としては地域で最も後発であり、顧客基盤もしっかりしていませんでした。そのためセレモニーホールを一つ、全額借入金で作った途端に経営が悪化しました。

役員のコストカットと社員の意識改革を進めるのと並行して、私は地域の葬儀市場で生き残るためにはセレモニーホールをさらに増やしていく必要があると考えました。しか

［図表 8］　企業の事業展開の戦略

	戦略	説明
①	市場浸透戦略	既存市場で既存製品・サービスを展開する戦略。競合他社との競争に勝つことにより、マーケットシェアを高めていくことが主となる。
②	新市場開拓戦略	新市場で既存製品・サービスを展開する戦略。新たな販路を見いだすことが主であり、例えば、海外展開を実施していくことが挙げられる。
③	新製品開発戦略	既存市場で新製品・サービスを展開する戦略。既存製品に新たな機能を付加したり、新製品・サービスを開発するものの、あくまでも既存顧客への展開を目指す。
④	多角化戦略	既存の事業を維持しつつ、新市場で新製品・サービスを展開する戦略。新たな分野で成長を図る戦略であり、高リスクを伴う場合が多い。
⑤	事業転換戦略	既存の事業を縮小・廃止しつつ、新市場で新製品・サービスを展開する戦略。多角化戦略よりも、高リスクとなる場合が多い。

出典：Ansoff, I.（1957）. Strategies for Diversification, Harvard Business Review, Vol.35 Issue 5, Sep-Oct 1957, pp.113-124をもとに中小企業庁作成

し、セレモニーホールを土地から取得して建てるとなると億単位の資金が必要になります。祖母と同じ失敗を繰り返すわけにはいきません。そのとき役立ったのが決算書を読めて、自分でも作れるようになっていたことです。決算書を眺めているうちにヒントが見えてきました。

セレモニーホールを新たに作るためまとまった金額の設備投資をすると、51ページの貸借対照表の上で

［図表9］　貸借対照表（BS）の変化

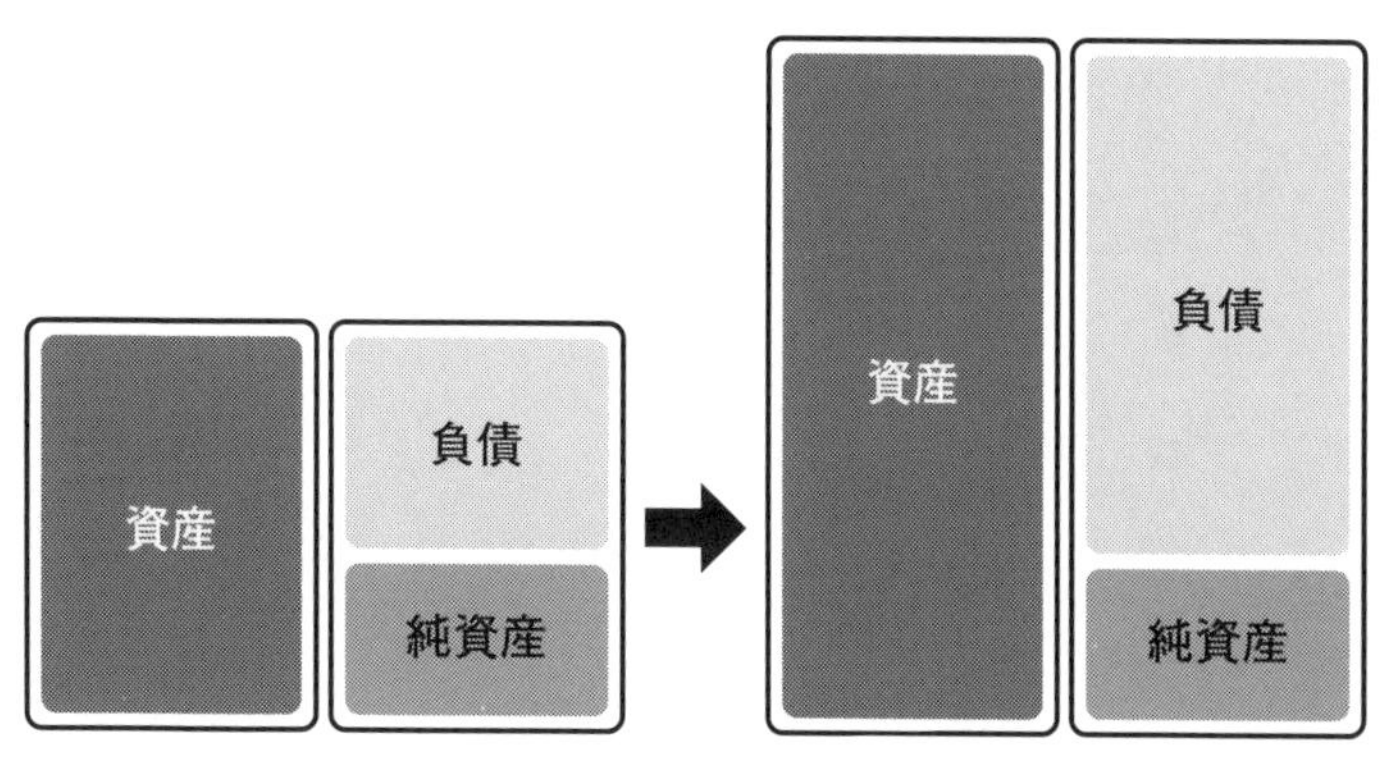

著者作成

は左側の【資産】に土地と建物の簿価が計上され、右側の上にある【負債】には借入金が計上されます。【資産】が増えるとともに【負債】も一気に膨らみ、資本金を中心とする【純資産】の割合がガクッと低下してしまいます。ちょっとした損失が生じるとたちまち債務超過に転落です。

例えば、【資産】に計上される土地、建物のうち土地は簿価のままですが、実際にはバブル崩壊後は地価が下落して含み損が発生しやすくなっていました。土地を時価評価すると【純資産】がマイナスに転落しかねません。

祖母の会社が一つめのセレモニーホールで

躓（つまず）いたのはそういう理由もありました。そこで私は、新しいセレモニーホールについては土地から購入するのではなく、借地に建物を建てることにしました。そうすれば投資額と借入金をかなり抑えることができます。

決して奇抜なアイデアというわけではないはずですが、祖母はこのやり方を採りませんでした。葬儀業界の常識ではそれまで考えにくかった、「自前のセレモニーホール」と「借地」という2つを、私はただ決算書の知識から当然に行き着いた論理で結びつけました。これも立派なイノベーションだと思っています。

また、【資産】のうち建物については減価償却分の額が毎期、貸借対照表の上で減っていきます。そのとき【負債】に計上された借入金も同じペースで減っていけば【純資産】が削られることもなく問題ありません。そのためには借入金の元金を返済していくキャッシュを事業から生み出すことが必要です。

事業からキャッシュを多く生み出すには、利益率は同じまま売上高を伸ばすか、同じ売上高のまま利益率を改善するかです。実際には、競争が激しいなかで売上高を伸ばすのは簡単ではありません。手っ取り早いのは利益率を改善することです。

利益率を改善するには、経費を削減するしかありません。経費で最も大きいのは人件費ですが、社員のモチベーションに関わるので手を付けるわけにはいきません。残るは外注費です。葬儀の実施にあたってはさまざまな物品やサービスを外部から調達しており、私の会社でも生花は花屋から、通夜振る舞いや精進落としの食事は料理店に外注していました。ここを自社で内製化できれば利益率が改善され、そこで生まれたキャッシュを借入金の返済に回していけば、多額の設備投資で膨らむ貸借対照表もバランスよくコントロールできるはずです。

こうしたロジックを何度もシミュレーションし、企画書にまとめ、金融機関と交渉し、代表取締役となった翌年の1998年、2つめのセレモニーホールのオープンにこぎつけることができました。

●生花業は葬儀用と一般用の組み合わせで

利益率の改善を図り外注業務の内製化を推し進めるにあたって、私がまず手を付けたのが生花業への参入です。1998年に袖ケ浦に2つめのメモリアルホールを開設するとともに生花を扱う子会社を設立しました。

そもそも生花の小売ビジネス（フラワーショップ）は、卸市場で仕入れた原価の2・5

倍から3倍の売値を付けて店舗で販売します。しかも特別な加工や処理が不要です。ただし、生花はあまり日持ちがせず、売れなければ廃棄せざるを得ません。また、フラワーショップは小規模なところがほとんどで、卸市場での仕入も小ロットで割高になります。仕入や販売をうまくコントロールしてロスを減らし、また1回あたりの仕入れロットを大きくすれば単価が下がり、十分な利益を確保できる可能性があるのです。

私のアイデアは、葬儀で使う生花だけでなく、自社のフラワーショップを設けて一般向けにも生花を販売するということでした。なぜなら、フラワーショップで売るのはまだ蕾の状態の花が中心です。せっかく花を買って帰ったのであれば、できるだけ長く楽しみたいのが消費者の心理です。一方、少し日にちが経って咲き始めた生花は祭壇に飾るのに適しています。通夜や葬儀式・告別式の際、花がきちんと開いていないと見栄えがしません。

つまり、蕾の状態で大量に仕入れた生花を温度管理した保管庫に入れ、まずはフラワーショップでその一部を販売し、その後、花が開いてきたら葬儀で使うのです。こうすれば廃棄処分を減らし、利益率を上げることができます。また、葬儀に用いる生花についても、よくある菊だけでなくいろいろな種類の花を使って華やかで美しい飾り付けができます。

私はこうしたメリットを活かして、花祭壇を自社の売りにすることにしました。手彫りの白木の祭壇は原価が４００万～５００万円します。その減価償却費に比べれば、フラワーショップでの販売用と一緒に仕入れた生花を使った花祭壇のほうがかなりコストダウンできるのです。

今では生花を大量に用いた花祭壇はどの葬儀会社でも一般的になりましたが、おそらく私の会社は全国で最も早いほうだったと思います。実際、他社では特別価格であった花祭壇が、私の会社では一般的なプランとして選べ、お客さまからはとても喜ばれるとともに、地元の葬儀市場においてブランド力とシェアを上げることができました。

とはいえ、新しいビジネスとして生花業を始めるにはいろいろハードルがありました。まず、社内には経験者がおらず、フラワーショップに勤めたことのある人を中途採用しました。そして花の卸市場でのセリに参加できる資格の取得を目指したのですが、当時はそう簡単にはいきませんでした。あちこち歩き回り、少しずつ業界の仕組みを理解し、応援してくれる人に出会い、なんとか1年ほどで事業を軌道に乗せることができました。

また、社内の人手も足りず、最初の4～5年間は私自身が花祭壇の飾り付けを行っていました。複数の業務を掛け持ちするのは私の会社の大きな特徴です。生花業のために採用した社員ももちろん、最初から葬儀業との掛け持ちで業務にあたってもらっています。

●3つめのセレモニーホールと同時に仕出し業に参入

さらに2001年には、木更津に3つめのセレモニーホールを開設するのと同時に仕出し業に参入しました。

葬儀業ではお通夜のあと、親族など親しい人たちが集まって会食をしたり、告別式のあと、ご遺体を荼毘に付してお骨上げをするまでの間にお弁当を出したりします。以前はそうした料理やお弁当は料理店に外注していましたが、2001年に料理と弁当の製造・販売を手掛けるグループ会社を立ち上げたのです。

このときも社内に調理のプロがいなかったので、まず和食のベテラン職人を料理長として採用しました。ところが和食の職人の世界は独特で、昔ながらの徒弟制度と包丁一本の渡世が当たり前ということを採用後に知りました。和食の世界に入ったときに付いた師匠一門の結束が強く、また職人気質の行き過ぎなのか、料理の味についてはもちろん仕事の仕方や休憩時間の取り方まで「こうだ」という主張があり、雇い主でもおいそれと口が出せません。

調理についてはは料理長のほかはパートさんばかりなのですが、パートさんたちの作業のやり方についても料理長の指示どおりにやらないといけないということで、勤務時間を含め企業経営にまったく合いません。

そのやり方ではうちでは困ると伝えたところ、料理長は「それなら辞めさせてもらいます」と言って本当に翌日から来なくなってしまいました。

すでに葬儀での料理と弁当は内製化するよう舵を切っていたので、慌てて次の職人を募集したのですが、同じことの繰り返しです。ようやくこれではだめだと気づいた私は、自分が講習を受けて食品衛生責任者になり、パートさんと一緒に料理と弁当を作るやり方に切り替えることにしました。

和食店であれば料理長がいないと店のイメージに関わりますが、葬儀業ではお客さまの前で料理を作るわけではありません。おいしくてリーズナブルな値段で料理や弁当が出てくればそれで皆さん満足されます。

ただ、おいしい料理や弁当を作るにはやはりプロのノウハウが必要です。私は2人目の料理長がいる間に毎日、調理場に入って出汁の取り方から基本的なメニューの作り方まですべてメモしておきました。

一つだけ、和食の作り方で困ったのは刺身です。これについては高校の同級生で寿司屋を父親から継いでいた友人がいたので、その寿司屋に数週間、見習いに行かせてもらいました。15万円分ぐらいのマグロを買ってきて使ってもらう代わりに、包丁の研ぎ方から柵どり、切り身の取り方まで教えてもらいました。

お吸い物から煮物、刺身までベテランの職人がいなくてもやろうと思えばできるのです。その分、材料と手間は惜しまないので、お客さまからは「おいしかった」という声をいただいています。また、調理の現場には炊飯ロボット、巻き寿司ロボット、酢飯ロボット、真空パック機、ショックフリーザー、スチームコンベクションなど調理ロボットを積極的に導入し、生産能力と生産効率を高めています。

葬儀業に限らず、事業の利益率を改善するには、内製化ではなく外注先にコストダウンを求めるというやり方もあり、大手はむしろそちらのやり方のほうが多いはずです。しかし、外注先にとっても一定のスケールメリットがなければコストダウンに応じてくれるわけがありません。中小企業は多くの場合、外注業者にとってはそれほど重要な取引先ではなく、交渉しようとしても相手にしてもらえません。それゆえ外注業務の内製化は中小企業のほうが向いているのです。

私の会社の場合、生花にしろ料理・弁当にしろ、当時はまだセレモニーホールが２つだけで葬儀が毎月20件とか25件くらいだったので、こちらのキャパシティの点からも内製化がスムーズにできました。

●中小企業にこそ必要な「適材適所」

中小企業が新事業展開に取り組む際に最も問題になるのが人をどう割り当てるかということです。私も外注業務を内製化していくうえで人の配置については頭を悩ませました。人の活かし方でよくいわれるのが適材適所です。私は中小企業こそ、この適材適所を徹底するべきだと思います。もっとも、中小企業では大企業のように多くの事業や業務があるわけではありませんから、「適所」といっても限界があるように思われます。

しかし、中小企業であっても本業の周辺から新しい事業を広げていけばいいのです。私の会社では、葬儀業から生花業、仕出し業、農業、ＥＣ通販などへ事業が広がり、それぞれ業務内容もバリエーションが増えて適材適所がどんどんやりやすくなっています。

また、大企業であれば社員をどんな部門、業務に割り当ててもそれなりに対応し、こなせるだろうという前提で部署の振り分けを行うと思いますが、中小企業ではそうはいきません。そもそも、何でもこなせるような人材は待っていても来ません。来てくれる人をまずは受け入れ、働き方を含めてその人が活躍できる場を用意することが大事です。そういう場があれば本人も自信がついて仕事の生産性が上がり、会社としても助かります。

そのためには、社内の雰囲気がとても大事です。いくら学歴や能力が高くても、何かあると声をつい荒げてしまったり、そのときの機嫌がすぐ顔色に出たりするタイプは私の会社には合いません。ですから、私は社内の雰囲気を良好に保つために、自分の機嫌を表に出して周囲を巻き込む従業員に対しては直接コンタクトを取って厳しく注意をします。業務そのものへの影響が大きくない場合でも、そこは大事にしています。

最近は2年に1社のペースでグループに新しい会社が加わり、組織的にはどんどん横に広がっています。指揮命令系統がはっきりしない部分があり、社内では役職名よりそれぞれ名前で呼び合うのが普通です。中小企業ではそれでいいと思います。組織図や指揮命令系統は手段であって目的ではありません。

もちろん各部門にはコアとなるメンバーがいて、専門的に従事してもらっています。固定する人員と流動的に入れ替える人員は半々というところであり、逆にいうと半分くらいはほかの部署を応援に行ったり、掛け持ちでこなしたりしているわけです。

メンバーの性格もあります。一つのことに集中するのが得意なメンバーもいれば、いろいろなことをこなすほうが飽きがこなくていいというタイプもいます。そうした各メンバーの個性や強みを見極めて適材適所で活かすのです。

中小企業にとって人材の活かし方は今後、事業戦略や商品開発以上に重要になると思います。新しい事業や新商品に挑戦しようと思っても、人が頑張ってくれなければ絵に描いた餅になってしまうからです。

●適材適所のための有効な「多能工」化

適材適所のための工夫の一つが多能工です。多能工とは一人で複数の業務や作業を行うことを指し、反対は単能工といいます。

多能工はもともと製造業の生産現場で、一人が複数のラインを管理したり、複数の作業を担当したりするために導入されてきました。今では製造業以外でも、例えば宿泊業でフロント、清掃、調理補助、配膳などを一人が掛け持ちするケースなどがあります。

生花業を始めるにあたってはフラワーショップの経験者を採用しましたが、当初は生花の仕入れや管理だけでは勤務時間が余ってしまいます。そこで彼女には祭壇の設置や参列者の対応など葬儀業の仕事も兼務してもらうようにしました。最初は戸惑っていたようですが、次第に慣れて今では生花業と葬儀業の両方をごく自然に組み合わせながらこなしてくれています。

一方、仕出し業については女性のパートさんが多く、調理以外のことを頼むと効率が悪くなると考えました。むしろ人手は必要最小限にしておき、規模の大きな葬儀でまとまった数の料理や弁当を用意しなければならないときは、葬儀部門の担当者を調理場に送り込んで盛り付けなどを手伝うようにしました。最初は料理の盛り付けなどしたことのない男性社員も多かったのですが、やがて慣れた手つきでテキパキできるようになりました。

新しく人を募集するときは面接の段階でこうした点をきちんと説明し、決まった仕事しかしたくないという人はなるべく採用しないようにしています。そして入社後にいろいろな業務をやってもらって本人の適性を見極め、「メインの業務はこれ、サブの業務はこれ」といった感じで適材適所の配置をしていきます。そんなことで大丈夫なのかとよく聞かれますが、結果的にはそういうやり方で30年近くうまくいっています。

中小企業が大企業のような人材を採用するのは容易ではなく、中小企業には中小企業なりの人材が来るというのが現実です。ただ、そんな現実のなかで私が思うのは、偏差値や学歴などが秀でた人が何人か増えたところで、中小零細にとってはそれだけで劇的に生産性が上がったり課題解決が進んだりするということはなく、結局は仕事への意欲や適性の問題なのだということです。

そういう人材がいろいろな業務を並行してやってみると、気分転換になったり、自分の知らなかった適性に気づいたりもします。さらに私の会社ではマニュアル化された業務はほとんどなく、現場で各自が考え判断して動くように奨励しています。自分で考え、自分で工夫し、その結果が報酬につながることで自然と意欲も高まるのです。

私はむしろ日本の大企業に勤めている人のほうが、同じような環境で同じような仕事をずっとやり続けているケースが多く、定年まで縛り付けられているかのように見えて、それでいいのだろうかと感じたりしています。

特定の業務に人を張り付けるのではなく、採用した人材にマルチに活躍してもらうことは、中小企業にとってむしろポジティブな要素だと考えて積極的に行えばいいのです。

私の会社では、忙しいときには部門をまたいで応援部隊が入りますし、あるいは葬儀部門で店長をしていた社員が北海道の農業部門の責任者になったり、仕出し部門の担当として入社した社員が葬儀部門の営業責任者になったりするケースがあります。「この部門がどうも合わないからこちらへ」とか「これができるなら次はあの仕事」というように、その人その人の個性や能力に応じて柔軟に配置を換えています。その結果、いろいろなスキルをもった人材が社内で育ちますし、私が新しいことをやると言い出してもみんな驚かなくなっています。

仕出し料理も作った、生花も扱った、葬儀の司会もやったということになるとみんな、「自分は結構、何でもできるんじゃないか」という自信がついてくるようです。北海道で米作りを始めたいと社内で発表したときも、自分がやると言って手を挙げてくれる社員がいました。彼は奥さんと当時3歳になる息子がいて、3人で北海道へ移住してもいいと言うのです。私にとってはとても力強い後押しになりました。

一つの仕事を極める単能工にももちろんプロフェッショナルとしての価値はあると思いますが、これからの時代、働く側にとっても、できることや触れたことのあるものがいろいろあるという経験はキャリアにおいて強みになるのではないかと思います。

●中小企業こそ女性を活かすべき

中小企業における人材の適材適所ということでは、女性に活躍してもらうことがとても重要です。私の会社ではパート・アルバイトを含む女性比率は現在63％です。以前はもっと高かったこともあります。

女性に活躍してもらうのはそんなに難しいことではありません。例えば、シングルマザーで子育て中の女性であれば、子どもが風邪をひいて幼稚園や学校を休まなければならなくなったり、早退しなければならなかったりすることがあるのは初めから分かっていることです。それを周囲が迷惑がるのではなく、互いに支え合うという雰囲気をつくることができれば、むしろみんなそのことを喜んで一生懸命働いてくれます。シフトに支障が出るようなら他の部門から応援を出したり、私が代打で登場したりすることもあります。私が率先して出ることで、この会社ではそれが当たり前なのだとみんなが認識するようになり、ほかの人も代打に手を挙げてくれるようになります。女性従業員の比率が高いことも、その助け合いの気持ちを高めることにつながります。お互いさまという気持ちがベースにあり、いずれ自分も誰かの助けを借りる番が来るのだと感じられれば、むしろそういう社内文化があることを大切に思えるからです。

本当のことをいうと、私が積極的に女性活用を推し進めたというよりは、会社を回すためには男女を選んでなどいられない状況だったということはあります。それで女性比率が増え、結果として支え合う文化が育まれて、女性従業員たちが大いに活躍してくれていることは私にとって喜びであり、まさに結果オーライです。ただ、女性比率を上げることだけを義務のように目的とするのではなく、女性の活躍を支えるために女性の人数を増やすことが環境改善につながるというのは、一つの答えだろうと感じています。

そもそも、私の会社は祖母が創業したものですし、私の母も私が小さい頃からフルタイムで働いており、私はいわゆる鍵っ子でした。ですから、女性が働く姿は私にとっては日常的なものであり、むしろそれができる会社であることは当たり前のことだと思っています。

3　リーマンショックから得た〝モノづくり〟の発想

●飲食業は参入のハードルが低いがリスクもある

生花業と仕出し業の内製化によってセレモニーホールの増設と経営の立て直しがうまくいくようになった私は、さらに新しい事業に着手しようと考えました。今度は葬儀業の周辺ではなく、まったく新しい葬儀業と並ぶような経営の柱になる事業です。

目を付けたのは飲食業でした。仕出し業をやっていたので調理場と機器、人員はそろっています。店舗も居抜きであれば設備投資は改装費くらいで済みます。さらに、飲食業は現金商売なので日銭が入り、収入が支出に先行するので資金繰りも楽です。

業種については、うどんを選びました。仕入れる原材料が比較的少なく、調理が簡単で、客席の回転率も高いからです。

調理や店舗運営のノウハウについては1カ月間、四国の製麺機メーカーが行っている開業セミナーに参加しました。このメーカーは、うどん店を増やすことで自社の製麺機を売ろうというユニークなやり方で有名なところです。

こうして2006年に讃岐うどんの専門店をオープンしました。当時はまだ南房総で讃岐うどんは珍しく、すぐ繁盛店になりました。それを見てのことか大型ショッピングセンターから声が掛かって2店目を2007年にオープンしました。これはうまくいくんじゃないかと期待を膨らませていたところにリーマンショックが起こりました。

リーマンショックとは2008年9月に米国の投資銀行大手リーマン・ブラザーズが負債総額6000億ドル（約64兆円）という史上最大級の規模で倒産したことをきっかけに世界的に広がった金融危機のことです。

その影響は私の会社にも及び、特に大型ショッピングセンターの店は売上が一気に4割ほども落ち込んでしまいました。うどん店を始める際、価格を抑えたセルフ方式でやっていたら違う展開になったのかもしれませんが、客単価の高い高級路線を狙ったのが裏目に出て、最初の店も含めて撤退を余儀なくされました。

●リーマンショックはなぜ起きたのか

残念ながらうどん店の展開は挫折で終わってしまいましたが、新規事業そのものがうまくいかなかったわけではありません。再度の飲食業への挑戦も考えないではなかったのですが、私はリーマンショックの経験から、会社を支えることを目的とした新規事業はモノづくりに限ると考え、それを軸に次の展開を模索し始めます。この考え方のもとになっているのは、リーマンショックの原因となったサブプライムローンについての問題意識です。

サブプライムローンとは、信用度の低い借り手を対象とした住宅ローンのことです。通常の住宅ローンをプライムローンというのに対し、「より低い」とか「基準を満たしていない」という意味の接頭語である「sub-」を付けたのがサブプライムローンです。

アメリカでは2000年代に入ると、ITバブル崩壊後の低金利政策や人口、世帯数の増加によって住宅の価格が右肩上がりに上昇していきました。万が一、住宅ローンの返済に行き詰まっても担保になっている住宅を処分すれば残額をすべて返済できるだけでなく、手元にお釣りが残りもします。そのため、所得の低い人でもローンを借りやすくなっていたのです。

さらに問題だったのはサブプライムローンの証券化です。サブプライムローンは貸し倒れのリスクが高い分、もともと金利が高く設定されています。そこで、これを複雑な金融工学を用いて証券化して有利な金融商品（ＭＢＳ：Mortgage Backed Security）に仕立て、米国の内外を問わず多数の投資家や金融機関に販売されていきました。

しかし、住宅価格の上昇がストップした途端、この仕組みが逆回転を始めます。実際、２００６年になるとアメリカの住宅価格の上昇は止まり、サブプライムローンの借り手の間では返済不能になるケースが続出しました。

それと同時に、多くの投資家や金融機関が購入していたサブプライムローンの証券化商品に値段が付かなくなり、金融市場が麻痺してしまったのです。

最終的にはサブプライムローンの証券化商品をとりわけ積極的に扱っていたリーマン・ブラザーズが破たんし、アメリカの株価が暴落し、それが世界の株式市場に及び、世界同時株安となったのです。

こうして発生した世界的な金融危機を立て直すため、アメリカをはじめ多くの国では大量の公的資金が投入されました。今に至る世界的な金融緩和の始まりです。

●金融危機はインフレに通ずる

金融危機が金融緩和を招き、インフレにつながるという流れは、リーマンショックに限ったことではなく、歴史上何度も起きてきたことです。私はその歴史を顧みて、今後も同じ流れが起きることは十分に予測されるし、それに備えることが必要であると考えるようになりました。

現在の世界経済の起点になったのが１９８９年のベルリンの壁崩壊と１９９１年のソ連崩壊による東西冷戦の終結です。これによって旧ソ連をはじめ多くの社会主義国が自由主義へ転換し、市場経済が世界中に広がっていきました。共産党の一党独裁を続けた中国も、鄧小平の改革開放路線のもと、経済面では資本主義を大胆に取り入れ、急速な経済発展を遂げました。

こうした市場経済の世界的な広がり（グローバル化）という潮流のなかで資本主義は次第に「金が金を生む」金融資本主義に変質していったのです。

資本主義においては、市場（マーケット）を通して生産（供給）と消費（需要）が結びつき、次第に経済規模が拡大していきます。このサイクルがスムーズに回るようにするのが金融の役割だといえます。

しかし、金融資本主義になると金融が手段ではなく目的となります。すべてを金（カネ）で換算し、価値判断や行動基準にまで影響を及ぼすようになります。極端にいえば、より稼げる人のほうが偉い、より高い料理のほうがおいしい、より多くの資産があれば安心、といったことになります。

リーマンショックの原因となったサブプライムローンとその証券化商品（ＭＢＳ）も、より高い収益を求めて多くの投資家や金融機関が競って購入したという意味で、金融資本主義の一つの典型的な事例でした。

問題は、これから社会や経済がどうなるかです。リーマンショックによって発生した世界的な金融危機を抑え込むため、アメリカやヨーロッパ諸国、中国などは大幅な金融緩和と財政出動を行いました。そのコストは各国の中央銀行と政府が負担しています。日本もすでに１９９１年のバブル崩壊以降、30年以上金融緩和と財政出動を繰り返しており、さらにそこに今回のコロナ禍対策が上乗せされてきています。

私が得た結論は「膨らみ続ける公的債務を処理するにはインフレにするしかない」ということです。公的債務を処理するには税金を上げるという手もありますが、民主主義国家では選挙で負けるという政治的なコストが高く、現実的ではありません。残された手はインフレによって目減りさせていくことです。

現在、世界中の中央銀行と中央政府の債務はかつてないほどに膨れ上がっており、そこにコロナの収束による経済の再開やウクライナ紛争によるエネルギー価格の高騰で、いよいよ世界的なインフレが起こっています。

実際、いまだにアメリカの中央銀行であるＦＲＢ（連邦準備制度理事会）はリーマンショックの際に買い支えたＭＢＳ（住宅ローン担保証券）を大量に保有しています。その額は2兆６６００億ドルほどもあり、満期まで持っていても満額、償還されることはないでしょう。差損をどこかで償却する必要があり、それを一度に行うのはショックが大き過ぎ、結局インフレで消していくというのが合理的な判断だと思います。

日本の財政も同じです。普通国債の残高は増加の一途をたどり、２０２２年度末には１０２９兆円になります。最近は防衛費をＧＤＰ比率で2％に増やしたり、異次元の少子化対策に予算を振り向けたりする方針を岸田政権は示しています。今後さらに政府支出は増え続けることは間違いなく、赤字国債の発行が増えていくはずです。

こうした結果、第一次世界大戦後のドイツで発生した超インフレや第二次世界大戦後の日本が行った「新円切り替え」に伴うハイパーインフレのようなことにはおそらくならないと思いますが、バブル崩壊後30年近くデフレが続いたのですから、今後20年、30年にわたって数％程度のインフレが続いてもおかしくありません。

そういう時代が来ると想定すれば、企業はキャッシュ（内部留保）をどんどん貯め込むより、インフレ時代に備えて実物投資やモノづくりへの挑戦をすべきではないのかというのが私の結論でした。

●インフレ時代に備えるための新規事業を模索

モノづくりがインフレへの備えになるといっても、葬儀業を営む中小企業がいきなり自動車やＩＴ、半導体関連の部品製造を手掛けるのはもちろん無理です。まずは今の事業に近いところから目を付け、自分たちにできること、できそうなことをいろいろと考えていきました。

葬儀業の外注業務の一つに返礼品の調達があります。海苔やお茶、おかきなどが定番品で、これらを内製化できればモノづくりにつながりますが、それぞれ原料の調達や加工設備が必要ですぐにできるわけではありません。

ほかに何かないか検討していたなかで浮かんだのが養殖業です。君津にある本社の敷地内からは毎分１００リットルほどの地下水が湧いており、これを使えば水のコストが掛からないのではないかというのが出発点でした。

まず候補になったのはスッポンです。スッポンの養殖は全国各地で行われており、特に千葉では難しいということはなさそうでした。ノウハウが得られるあてもあったので、地元の休耕田を借りてそこに湧水を引き、スッポンを養殖したらどうかと考えたのです。

ただ、調べてみるとスッポンは水温が下がると冬眠する習性があり、その分、成長が遅れて出荷時期が延びます。スッポンの養殖で成功しているところの多くは温泉を利用し、冬眠しないままスッポンを育てることで高い生産能力をもっていることが分かりました。残念ながら私が考えていたやり方ではそんなことはできません。諦めざるを得ませんでした。

次に検討したのが鰻です。鰻はいまだに卵から育てることが難しく、鰻の養殖業者は天然シラスウナギを仕入れて養殖しています。しかし、近年はシラスウナギが獲れなくなってきており、これも難しいと判断しました。

ワニの養殖も検討しました。ワニは糞尿が臭くなく、1週間に1回エサを与えれば育つとされています。ワニ革とワニ肉が商品になるのでどうかと社内で検討しましたが、アイデアとして奇抜過ぎたのか、理解を得られず諦めました。

次に検討したのがチョウザメです。チョウザメからは超高級食材のキャビアが取れます。国内でも北海道や岡山などでチョウザメの養殖とキャビアの販売を手掛けている事業者がいます。ただ、チョウザメは誕生から8年目でやっとキャビアの原料となる卵を持つようになるため、とても時間が掛かります。よほど資金力がないとビジネスとして取り組むのは無理だと判断しました。

次に目を付けたのが中華料理の高級食材として人気がある上海蟹です。ところが上海蟹は2006年、国内の生態系を乱す恐れがあるとして特定外来生物に指定され、生きたまま日本に持ち込めないことが分かりました。ただ、国内には上海蟹と同種のモクズガニという在来種がおり、四万十川などでは漁も行われています。取り寄せて食べてみると、味は上海蟹そのものです。南房総の川にもたくさんいることは知っていました。

今度こそいけるのではないかと大いに期待して小さな水槽を作り、実験養殖をやってみました。しかし、2011年の東日本大震災のあと、それまで毎分100リットルも敷地内から湧き出していた湧水がパタッと止まってしまいました。そして、300mほど先の別の所有者の土地から突然、湧き出したのです。おそらく地下水の水脈が変わったようで、これで養殖業への参入は諦めざるを得なくなりました。

とはいえ、私のモノづくりへの挑戦はこんな失敗くらいではくじけません。実は並行して農業への参入計画を着々と進めていました。

第3章

異業種からの参入だからできる新しい農業
葬儀会社から見た米作りにはチャンスが溢れている

私がリーマンショックをきっかけにモノづくりへ挑戦し始めたのは、葬儀業の外注業務を内製化する延長線上で返礼品に使える商品を作りたいということもありましたが、本質的には、変化しなければ生き残ることは難しいという危機感に背中を押されたからです。そして、養殖業への参入を検討するかたわら、私は農業を目指して北海道へ足を運んでいました。

1　変化する農業にビジネスチャンスを見いだす

●進む米離れ、コロナ禍で生産者米価はさらに下落

日本の農業はこれから大きな変革期に突入するといわれています。バブル崩壊後、銀行、家電、流通などさまざまな業界で淘汰が繰り返されてきました。最後まで変化が及ばなかったとされる農業の世界にも、いよいよ変化の波が押し寄せているようです。

そこにはいくつかの理由があります。第一に、日本の農業の軸になってきた作物が米ですが、その需要がコロナ禍でますます落ち込み、価格の下落に歯止めが掛からなくなって

［図表10］　国民1人あたりの米の消費量（年間）の推移

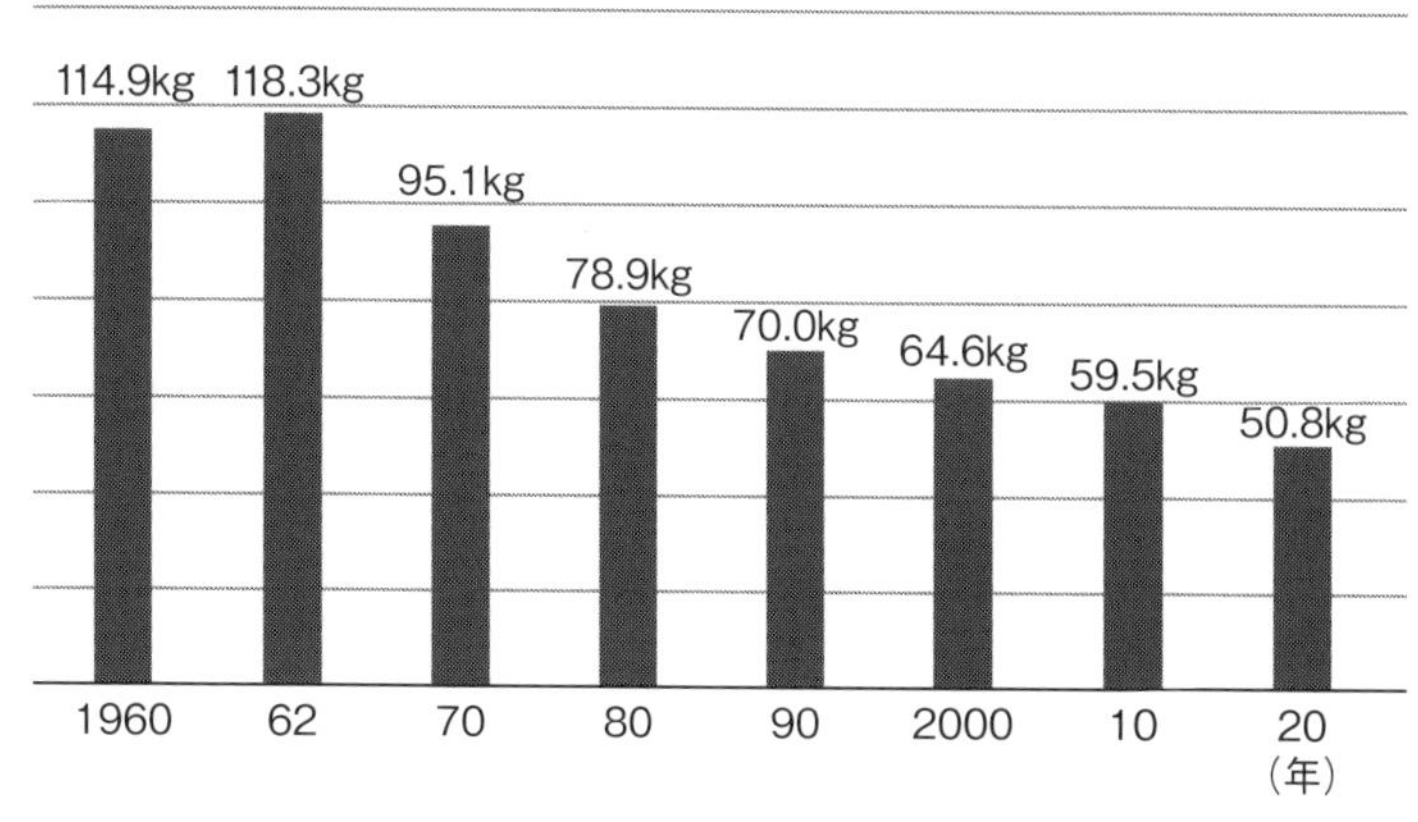

出典：グローバルノート－国際統計・国別統計専門サイト

きています。

そもそも日本人の米の消費量は1962年をピークに減少し続けており、2010年の時点でピーク時の約半分にまで減りました。

その背景には、主食の多様化と米離れがあります。共働き世帯や単身世帯が増えたため、手軽に食べられるパンやパスタ、そば、うどんなど主食が多様化し、1日3食ともお米を食べるという人のほうが少数派になりました。また少子高齢化や人口減少が進み、さらに今回のコロナ禍で外食産業でのニーズも減って、10年前に800万トンほどだった米の国内需要は現在、

700万トンほどになっています（農林水産省「米をめぐる関係資料」2022年）。

その結果、生産者米価も下がってきています。短期的に見れば2015年以降、補助金政策の下支えがあって多少、上昇しましたが、コロナ禍の影響で2020年以降は再び下落傾向になっています。

こうなることはおそらく、以前から分かっていたはずです。しかし、国はもとより農業関係者もずっと需要と供給のギャップを埋めればなんとかなると思っていたようです。そのことを表しているのが、1971年から導入され約50年続けられてきた減反政策です。国は毎年、主食用米の生産数量の目標を決めて都道府県に配分し、転作などによって米の作付面積を削減するためさまざまな補助金や助成金を付けてきました。これによってある程度、米価は維持されましたが、その結果、零細な規模の農家でも稲作を続けることができ、日本の農業は生産性が低いまま今日に至っています。

例えば、販売農家（経営耕地面積が30a以上または農産物販売金額が50万円以上の農家）は現在、102万戸ほどありますが、そのうち8割が年間の売上高が500万円以下です。こうした農家の多くは農業で生計を立てているわけではなく、ほかの仕事や年金などで生活しながら農業（特に稲作）を行っています。稲作農家に限ってみれば、全体の平均作付面積が1～2ha、売上が年間100万～200万円ほどです。利益はさらにこの2～3割といわれます。

なお、国による主食用米の生産数量の配分は2017年で終了しましたが、その後も都道府県が独自に生産数量目標を設け、市町村に配分しています。

●補助金政策による歪み

補助金などによる減反政策は、いろいろな歪みをもたらしたとされています。その一つが、ブランド米へのシフトです。作付面積が減らされるなか、農家の間ではより高く売れる品種を作ろうという動きが加速しました。そのため逆にブランド米の競争が激しくなり、米価の値下がりにつながった面があります。

一方、年々増えている飲食店や加工用の業務米は品薄になっているといいます。業務米は価格は安いとしても、大規模な水田で効率的に作れば十分採算が取れるはずです。そうした生産効率の改善に手を付けないまま、高く売れるだろう米ばかり作ってしまうようになったのは補助金の影響だったことは容易に想像がつきます。

補助金政策は今も続いており、代表的なのが「水田活用の直接支払交付金」です。これは水田で食料自給率・自給力の向上に資する麦、大豆、飼料作物等を生産する農業者を支援するものとされますが、もともとは水田で転作作物の作付けを促し、米の過剰な生産を抑えることが目的です。転作作物ごとに交付単価が設定され、作付面積に応じて支払われます。

ただ、この交付金は米を作る水田を活用するのが前提なので、米を作る意思がないのであれば対象になりません。そこで農林水産省では最近、２０２２～２０２６年度の5年間に一度も水張りをしなかった水田を、２０２７年度からの対象から外すことにしました。「水張り」をするとは米の作付けをするということです。

ところが、麦や大豆、飼料用トウモロコシは湿気に弱く、水田での生産に向いていません。一度、水張りをした水田でまた麦や大豆、トウモロコシを栽培するのはハードルが高いのです。

このため「水田活用の直接支払交付金」を利用していた農家からは強い反発が出ているといいます。

確かに食料面での安全保障は重要です。アメリカやEU諸国でも農家にさまざまな補助金を出しているそうです。しかし、中小企業の金融支援と同じように補助金頼みに慣れ切ってしまうことは怖いと私は思います。

●機械化、効率化が進む農業では中小企業にチャンスが

こうした状況を踏まえて今後、農家の数は間違いなく減っていくことが考えられます。農家の数は戦後一貫して減少していますが、そのスピードが加速するはずです。

2020年の「農林業センサス」によれば、主として自営農業者を指す「基幹的農業従事者」は136万人で平均年齢は67・8歳、65歳以上の割合は全体の約7割になっており、高齢化が進んでいます。

また、農業経営体数（農家・農業法人）は107・6万で2015年の137・7万から約2割減っています。このトレンドが続けば2030年には40万まで減るという予測もあります。

農家の数が減っていけば、農地の集約が進みます。農業を続けようと思っても続けられない場合、誰かに貸したり、譲渡したりするのが普通です。その受け皿になるのは、人手や機械設備、そして資金力のある経営規模の大きな法人です。

すでに2009年の農地法改正によって、法人が農業に参入しやすくなっています。

リース方式による参入であれば企業や法人は全国どこでも参入でき、農地を利用して農業経営を行うリース法人は2020年12月末時点で3867法人でした。また、農地所有適格法人の要件を満たせば農地を所有することもできます。

なお、農地所有適格法人の要件は次のとおりです。

1. 法人形態……株式会社（公開会社でないもの）、農事組合法人、持分会社
2. 事業内容……主たる事業が農業（自ら生産した農産物の加工・販売等の関連事業を含む）［売上高の過半］
3. 議決権………農業関係者が総議決権の過半を占めること
4. 役員…………役員の過半が農業に常時従事する構成員であること。役員又は重要な使用人が1人以上農作業に従事すること

さらに、機械化と経営力のアップが進むはずです。稲作のように作業が時間的に集中する農業では、いかに機械を使って農作業を効率的に進めるかが生産性を左右します。

また、経営規模の拡大を進めるには設備投資、人材育成、マーケティングなどを継続的

［図表 11］　**農地所有適格法人数の推移**

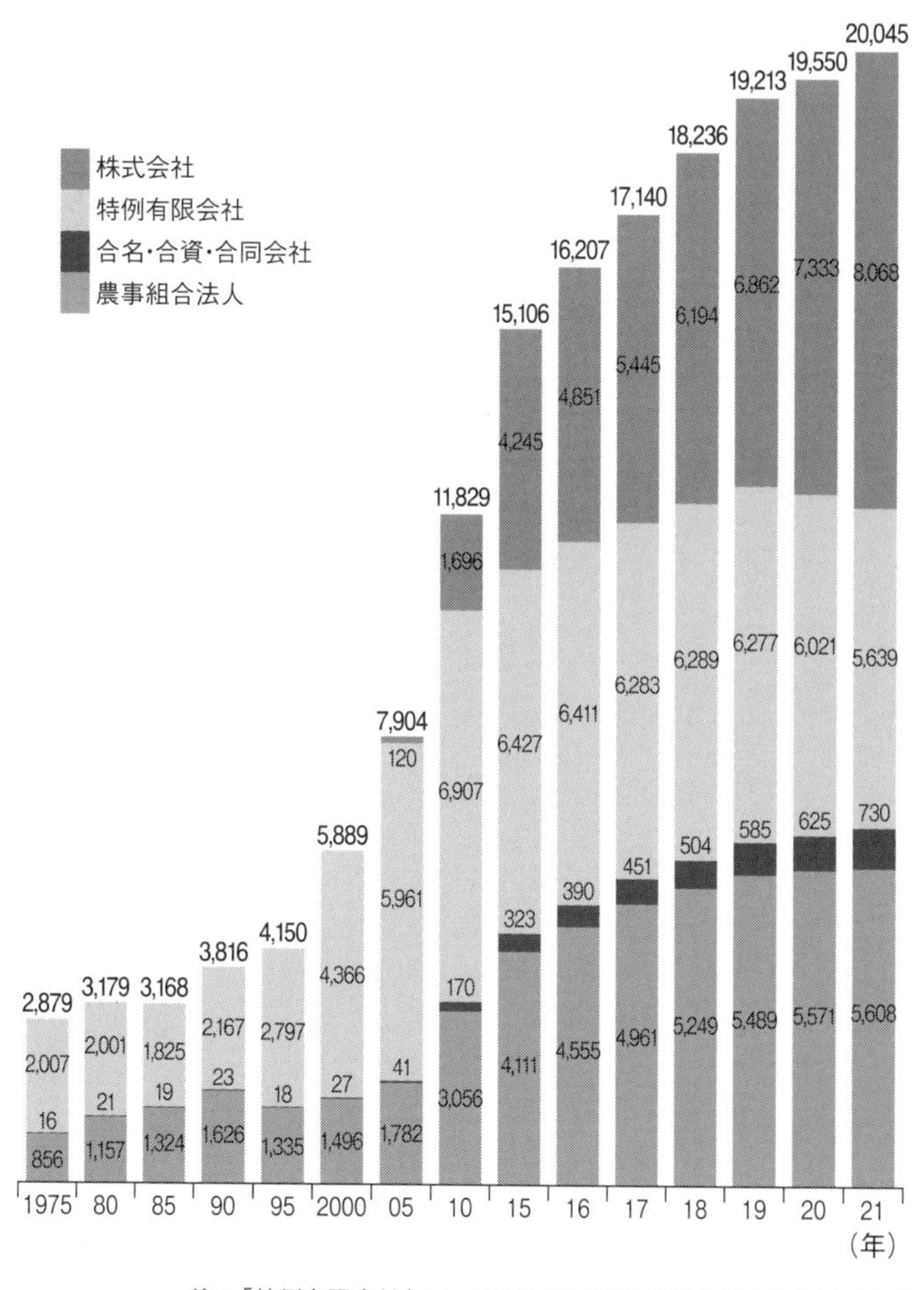

注：「特例有限会社」は、2005 年以前は有限会社の法人数である。

出典：農林水産省経営局調べ（各年 1 月 1 日時点）

に行わなければなりません。それには一定の経営力が不可欠です。つまり、ビジネスの視点が農業にも求められる時代が来るのです。

これは、事業拡大を目論む中小企業には大きなチャンスだといえます。

2　農地を求めて北海道へ

●まずは就農セミナーに参加

私が農業に可能性を感じて農地を探し始めた当時、ＴＰＰ（Trans-Pacific Partnership Agreement：環太平洋パートナーシップ）に加盟するかどうかの議論が国内では盛んになっていました。今ではアメリカが抜けてしまいＴＰＰはあまり注目されていませんが、もともとは世界で最も意欲的な経済連携協定とされ、モノの関税以外にもサービス、投資、電子商取引、知的財産など幅広い分野で自由化を進めるとともに、新たなルールづくりを実現することを目指していました。

ただ、日本国内では特に農業について、安い外国の農作物が大量に入ってきて大変なことになるといった議論が巻き起こっていました。私もそうした議論を横目で見ながら、もし農業に参入するなら広い農地を確保できる可能性がある北海道へ行くことにしたのです。

とはいえ、北海道には何のコネもつながりもありません。手がかりを得るためまずは東京・池袋のサンシャインシティで開催されていた「北海道新規就農セミナー」というイベントへ行ってみることにしました。

電話で事前に予約していたのですがかなり待たされ、担当者との面談が始まりました。聞かれたのは、「北海道で農業を始めるとして、どのくらいの資金をお持ちですか?」ということです。私は会社の新規事業として農業参入を考えていたので、2億円くらいだと答えると、担当者は椅子から転げ落ちそうになるくらい驚いていました。

どうやらセミナーにやってくるのは都会でのサラリーマン生活に疲れて、農業なら自分のペースで自由にやれるのではないかといったスタンスの人が多かったのです。セミナー担当者としては「農業はそんなに甘くないですよ」といった説明からしなければならず、一人あたりの面談の時間が長くなっていたようでした。

私は自社の新しい事業として農業参入を目指していたので、準備する資金の額も本気度もまったく違います。担当者は私の話を聞いて、そういうことならばと即座に北海道庁の部署を紹介してくれました。

●北海道で出会った〝道先案内人〟

セミナーの翌週、さっそく北海道庁を訪ねたのですが、結論からいうとあちこちの部署をたらい回しにされたあげく「あなたは農業をなめている」と言われ追い返されてしまいました。従来の業界の仕組みや農家に対する批判を悪気なく口にしてしまっていたようで、反感を買ったのだろうと思います。

北海道庁を放り出されて途方に暮れたものの、せっかく北海道まで来て何の成果もなく帰るのは馬鹿馬鹿しいと考えた私は、新規事業についていろいろ相談していた地元・千葉の銀行に電話を入れ、北海道の金融機関を紹介してもらうことにしました。

翌日、紹介された金融機関を訪問して出会ったのが北海道庁OBのNさんという役員です。私はNさんに、いずれインフレの時代が必ず来ること、だから今のうちから農業参入を目指していることを説明しました。するとNさんは非常に興味を示してくれ、北海道の農業もそういう発想で活性化していかなくてはいけないと言って、すぐ意気投合しました。

Nさんはさっそく部下たちに声を掛け、私を手伝うよう指示を出してくれて、そこから具体的な話が進むようになりました。まさにNさんは私にとって農業参入の〝道先案内人〟になってくれたのです。

●契約直前でつぶれた養豚業者の買収

私は毎月のように北海道に通い、Nさんやその部下の皆さんの紹介で道内をあちこち回って農業参入の機会を探しました。そのなかで浮かび上がってきたのが、後継者難で買い手を探している養豚業者の話でした。明治時代から放牧で豚を育てるというユニークなやり方を続けていて、事業規模や金額的にもこちらの希望にぴったりです。従業員も引き継ぐ条件でトントン拍子に話は進みました。

ところが、いざ契約という段階になって横やりが入りました。詳しいことは言えませんが、道外からやってきた新参者がそれまでの農場経営のやり方を変えてしまうのではないかと警戒されたのです。

農業はさまざまな利権が複雑に絡み合っている世界で、当事者同士が農地や農場の売買に合意しても、それだけではすんなり事が運びません。高齢化が進み離農する農家がどんどん増えている一方で、新規参入には目に見えないハードルがあることを痛感しました。

●4年越しでようやく農地を取得

養豚業への参入には失敗しましたが、ここまできた以上、北海道での農業を諦めるわけにはいきません。私は以前にも増して足しげく北海道を訪れ、Nさんたちの紹介で農地を見て回りました。

狙いを付けたのは水田です。温暖化の影響などから北海道ではおいしいお米を作ることができるようになっており、いまや作付面積、収穫量ともに北海道は新潟県と並ぶ日本トップクラスのお米の産地なのです。北海道でまとまった水田を手に入れ、そこで作ったお米を葬儀業の返礼品として利用するというのが私の目論見でした。

ただ、希望するような水田がなかなか見つかりません。分かってきたのは、北海道のなかでも大規模な稲作に適した水田はなかなか売りに出ないということです。逆に、売りに出ているのは冬になると積雪が2mを超えたり、ほとんど人が住んでいないようなところだったり、稲作にはあまり向かない水田なのです。

地域的にも、道央や道南では売りに出ている水田はあまりありませんでした。私としては北海道には最低限の人員を常駐させ、春の田植えと秋の稲刈りに千葉の本社から応援部隊を送り込めばいいと踏んでいました。そのためには羽田空港から新千歳空港まで飛行機で飛び、そこから30～40分くらいで行ける場所が理想的なのです。

しかし、そうした場所では簡単にまとまった水田が見つかりません。もう無理なのではないかと思い始めていたとき、多くの人に助けられて夕張郡の栗山町で7haの水田を手に入れることができました。そしてようやく、北海道へ通い始めてから4年後の2013年、農業生産法人を設立し、稲作がスタートしました。

農業はもともと地域に根差したローカルな産業で、長年の間に出来上がった仕組みや慣習が存在します。その分、私から見ると今の時代においては合理性に欠けたり無駄に思えたりするようなことがいろいろありました。特に農家自身が自分たちで商品（米）の付加価値を高めたり独自の売り先を探したりして、売上と利益を伸ばそうという挑戦がほとんど行われていないのが不思議でした。

私たちは新規参入者ですし、ましてや農業の知識も経験もない、いわば二重の門外漢でした。ただ、これまでのやり方にとらわれず自分たちの創意工夫で顧客に喜んでもらい、自分たちも儲かる〝新しい農業〟がしたいと思っていました。

3 〝新しい農業〟への挑戦

●作った米はすべて自分たちで売りさばく

まず、収穫した米はすべて自分たちで売りさばくことにしました。かつて米は基本的に国がすべて買い上げていましたが、その後、制度がどんどん変わり、今では農家は自分たちが作った米の売り先を自由に選べるようになっています。しかし、実際には売り先を自分で開拓するのは面倒ですし、多くの農家は地元の農協に出荷するというやり方を続けています。収穫した米をそのまま農協まで運べばそれでお金になるのです。

ただし、このやり方では売却価格（買入価格）は農協の側が決めます。しかも、買入価格の決定にあたっては1等米、2等米、3等米といった等級付けがあり、これが農家に大きな影響を与えています。

等級付けは農産物検査と呼ばれ、農協が農家から米を買い付ける際に行われます。基準になるのは米粒の見た目です。味や食感とは関係ありません。単純にいえばきれいな米粒（整粒）の割合が一定以上かどうかで等級が分けられ、買入価格にも差が付くのです。しかも、農産物検査は各地の検査員が目視で行っています。1等米を目指す農家はカメムシなどの害虫の被害を少しでも減らすため農薬を積極的に使っているといった指摘もあります。

見た目の良し悪しは精米したときの歩留まりに影響するというのが理由のようですが、かつて米が主食として必需品だった頃ならいざ知らず、今の消費者が米に求める価値とはずれているのではないかと思います。

また、農協でのこうした引き取り方は、非常に効率的で合理的であることは間違いないのですが、農業に携わる人にとって仕事のやりがいの面でマイナスになっている側面もあるのではないかと私は感じています。等級に分けて引き取られた米はほかの同等級のものといっしょくたにされてまとめて扱われます。つまり、自分の田んぼで、もっとおいしくできるようにと工夫して愛情をこめて育てても、最終的には他所でつくったものと混ざって、誰がどうやって作ったものであるかは関係なく流通に乗るのです。

自分なりに考えて、工夫して、ほかの人よりも良いものができたという成果を実感することは、仕事の面白さ、やりがいのなかでも最大のものだと思います。特に、私は自分のやり方で工夫して認められたいという思いの強い性格だからそう思ってしまうだけなのかもしれませんが、程度の差こそあれ、これは誰しもそうだろうと思います。もちろん、見た目の良いものをより多く作るための工夫や手間はあるでしょうが、やはり自分の作ったものを、これがいいといって誰かが喜んでくれてこそ手応えもあるというものです。若い人たちが農業に面白みを見いだせず離れていく原因の一つには、こういった点もあるのではないかと思います。

それもあって、私たちは農協へは出荷はせず、まず葬儀の返礼品に全量使用することにしました。その後、耕作面積が増えてきたので2019年には神奈川県内にあった老舗の米専門店を買収し、直接、飲食店や一般家庭に販売もしています。

ちなみに、農協に出荷しないので等級付けの農産物検査も受けていません。法律上、農産物検査を受けていないと産地や米の銘柄が表示できないので、私たちのお米は独自ブランドで販売しており、原料玄米についてのみ「ゆめぴりか」などと表示しています。

●高く売るため付加価値を付ける

私たちの作る米は産地や銘柄を表示せず、「北海道 水芭蕉米」という独自ブランドで販売しています。水田の横に天然の水芭蕉の群生地があります。水芭蕉を育むトキト山の清浄で豊富な湧水が水田に流れ込むことから付けたネーミングです。

これをどうやって高く売るかが〝新しい農業〟のもう一つのポイントです。どんなビジネスでもそうですが、利益を確保するには商品やサービスに高い付加価値を付けなければなりません。付加価値とは顧客に「ほかより高いけれどこの商品・サービスならこれだけ払っても構わない」と思ってもらうことです。

そのため採用したマーケティング戦略の一つが、農林水産省が定める特別栽培米の基準をクリアすることでした。具体的には、米を作る過程での農薬の使用回数および化学肥料の窒素成分量が通常のやり方（慣行レベル）の5割以下であるということです。これは北海道で稲作を始めてすぐ取り組み、その後も継続しています。さらにお米の酸化を防ぎ、おいしい状態を維持するために、お茶の栽培で用いられているガス充填機を米づくりに導入しました。

もう一つのマーケティング戦略が、米のコンテストに参加し上位入賞を狙うということです。米のコンテストはいくつかありますが、いずれも味を重視しており農産物検査より現代の消費者の価値観に合っています。

［図表 12］　農林水産省「特別栽培農産物に係る表示ガイドライン」（一部）

特別栽培農産物
第２の生産の原則に基づくとともに、次の１及び２の要件を満たす栽培方法により生産された農産物をいう。
１　当該農産物の生産過程等における**節減対象農薬の使用回数が、慣行レベルの５割以下**であること。
２　当該農産物の生産過程等において使用される**化学肥料の窒素成分量が、慣行レベルの５割以下**であること。

出典：農林水産省ホームページ

北海道で米を作り始めて4年目に「あなたが選ぶ日本一おいしい米コンテストin庄内町」というコンテストに出品し、決勝大会にまで進んで入賞しました。

その後は「米1グランプリinらんこし」というコンテストで3回連続して入賞しました。特に3回目となる２０１９年には2品種が入賞し、１つは準グランプリとして国内2位となりました。こうした成果は返礼品や市販用の米袋などに大きく記載し、消費者にアピールしています。

ただし、おいしいお米を作ろうと思うと、収量を犠牲にしなければなりません。なぜなら、穂が出るタイミングで栄養を絞る必要があり、その分収量が減るのです。それでも私たちのブランド米は２０２２年産で5キロ４５００円といった値段で売れるので、収量が多少減っても十分な利益を確保できます。この点でも従来の農家が農産物検査で1等米を目指すやり方とは正反対です。

米の付加価値を高めようとする米農家が少ないということが実は、新参者の私たちにはチャンスになっているともいえます。

●素直に教えを請うことが大事

従来のやり方にこだわらない新参者の強みはほかにもあります。

例えば、稲刈りをしたあとの藁(わら)の処理です。普通はコンバインで稲刈りをした後の藁はそのまま切り刻み、水田に放置しておきます。本州であればそのまま藁は水田で腐敗し分解されます。

ところが北海道は気温が低いため藁がすぐには腐敗分解せず、翌年まで残っていることが多いのです。そのため初夏に稲穂が出る頃になって腐敗し始め、異臭を発生させます。臭いだけでなく、腐敗した藁からは食物の根に有毒なガス(窒素「ワキ」と呼ばれています)が発生し、これが想定外の栄養素として稲作に影響するのです。窒素はリン、カリウムと並んで植物の成長に欠かせない栄養素ですが、与え過ぎると植物の成長が促進されて肥大化したり、実の味が落ちたりします。

北海道の稲作農家はそこで藁を早めに分解する資材を撒くか、場合によってはそのままにしています。私たちはそれに対し、稲刈り後の藁はすべて水田から撤去し、養鶏の敷床に使うようにしています。

また、苗作りでも工夫を試みています。農業では「苗半作」あるいは「苗八作」といって苗の良し悪しで作物の出来が左右され、従来、苗作りは長年の経験と勘がモノをいうものでしたが、私たちはそれをITでカバーしています。育苗ハウスの中に温度を自動的に測定・記録する装置とシステムを導入し、室温が一定の幅を超えたり下回ったりすると警報が届くようにしています。新参者ということもあり、農業を経験と勘ではなく客観的なデータに基づいて行うようにしているのです。

機械化にも積極的に取り組んでいます。トラクターにセットして使うGPS車速感知式(車速連動式)の肥料散布機をいち早く導入し、水田に肥料などを均一に撒くようにしています。従来の肥料散布機は、トラクターの車速に関係なく一定のスピードで肥料を撒くためどうしてもムラができ、それが米粒の大きさや食味のばらつきにつながっていました。

こうした従来とは異なる稲作のやり方は農業試験場の指導員から教えてもらったものです。どうしたらおいしい米ができるのか、自分たちには経験もノウハウもないので専門家に聞くのがいちばんと思い、熱心に通って教えを請うたのです。すると丁寧に、それこそ手取り足取り、いろいろなことを指導してもらえました。

どうやらベテラン農家は、自分たちのほうが詳しいといった意識があり、農業試験場の指導員にはあまり聞きに行かないようで、余計にかわいがってもらえました。お米のコンテストで入賞できたのも実は指導員の方のお陰で、とても感謝しています。

●商品価値を高め自分たちで売り切るから儲かる

いまや米の消費量は年々減ってきており、米価も右肩下がりです。多くの兼業農家は米作りでは売上額の3割も手元に残らないと思います。さまざまな補助金があってなんとか続けられているという状況だと思います。

それに対して私の会社では、特別栽培米としてブランド化を図り、コンテストで入賞することで付加価値を高め、さらにそれを葬儀の返礼品として販売したり、自社のグループ会社であるコメ販売会社から飲食店や家庭に直接、届けたりするというシンプルな流通経路で利益確保につなげています。

さらに、通常の主食米（うるち米）として販売するだけでなく、規格外の米を養鶏の飼料として使って高級卵を販売したり、消費期限切れ近い米を甘酒にして販売したり、甘酒からさらに米麹甘酒のソフトクリームを作って売ったり、米粉用の米を栽培し冷凍米粉パンに加工して売ったり、水田から生まれるものをすべて自社の商品としています。

その結果、農業だけで十分な利益を確保できるようになっており、そうして生まれるキャッシュを前提にさらに高価な農業機械への設備投資を行い、作業の効率化と水田面積の拡大を進めています。

こうしたやり方は従来の農業の常識とは異なるかもしれませんが、ビジネスの発想からすればごく普通で当たり前のことです。

●農機と人員を移動する作戦で効率化を図る

また、さらに効率的な稲作を目指して、新たな取り組みを行っています。

北海道での稲作が軌道に乗り、神奈川で米販売会社を買収したあと、２０２０年には千葉に新しい農業生産法人を設立しました。現在、北海道では20ha、千葉では10haの水田があります。千葉と北海道では田植えや稲刈りの時期が異なり、桜前線が北上するのと同じように千葉で田植えが終わったら田植え機と作業員をフェリーで大洗から苫小牧まで運び、北海道の水田で田植えを行います。秋も同じで、千葉で稲刈りが終われば、コンバインと作業員をフェリーで北海道へ運び、次は北海道の水田で稲刈りを行います。

田植え機やコンバインといった農業機械はどの農家でもそれぞれ備えているイメージがありますが、いずれもある程度の規模で効率よく使えるレベルのものとなると、ちょっとした新車を買うような価格です。これを千葉と北海道の両方で買うのではなく、時期がずれるのを利用して、人員ごと移動しながら1台で済ませようという考え方です。

バランスからいえば、千葉で30haくらいまで耕作面積を増やしても現状の農業機械と人員で賄えると思います。その結果、作業効率はほぼ2倍になります。

さらに作付けする稲の種類も、米飯用のうるち米と米粉パンなどに使う品種では田植えと稲刈りの時期が1カ月ほどずれます。とすれば、千葉と北海道で合計4区分の稲作をほぼ現状のままの農業機械と人員で行うことが可能になります。

このやり方をさらに進化させると、千葉と北海道の間にもう数カ所、水田を確保して2種類の米作を時期をずらして行うことも考えられます。実際に今、福島や岩手で耕作放棄された水田を探しているところです。計算上は、千葉、福島、岩手、北海道でそれぞれ30haの水田を順番に田植え、稲刈りすれば120haの稲作をほぼ同じ農業機械と人員でこなせることになります。

もちろん、こうしたオペレーションを可能にするためには、普段は別の業務をしている従業員に春と秋には農作業を手伝うことになるということを周知し、納得してもらわないといけません。そうしないと、そんな話は聞いていないなどと言われかねません。

北海道で農業参入の可能性を探っていた段階から、いずれ農業を始めるかもしれないから、そのときは力を貸してほしいと多くの従業員に声を掛けていました。そしていよいよ水田が手に入りそうになったときには、翌年の社員旅行は北海道で農業体験をすると宣言しました。現地には寮を用意し、私が先頭に立って田植え機やコンバインを操作しました。

●摩擦を起こさずなじみながらやっていく

このように私たちなりの〝新しい農業〟を実践していますが、周りと摩擦を起こすことは私の望むところではありません。あくまで農業は自分の会社が生き残るための新規事業の一つであり、周囲とうまくなじむことを心掛けています。今も北海道では地元で催される親睦旅行であれグランドゴルフ大会であれ、社員らが率先して参加し、周辺の農家の皆さんと顔見知りになることを心掛けています。

時には急に、田んぼの境界について苦情が来たり、以前の所有者が拡張した田んぼを道路に戻せと言われたりすることもあります。内心、まいったなとは思いますが、その場ですぐ快諾し、そのとおりにします。

最初の3年ぐらいは大変でしたが。米のコンテストで入賞したり、地元のテレビに取り上げられたりしたこともあってか、最近はようやく仲良くなり向こうからM&Aの話なども持ち掛けられるようになりました。

農協との関係もそうです。農業資材や肥料は基本的に地元の農協から買います。その代わり収穫した米の売り先は自分たちの自由にさせてもらっています。

私たちのようなちっぽけな事業者は、日本の農業のあり方を根底からひっくり返そうなどと大胆なことを考えているわけではありません。周りとうまく付き合いながら、少なくとも自分たちがやりたい農業を自由にできる環境を確保したいと考えているだけです。無用の波風を立てたり、ほかの事業者を批判したり、偉そうなことを言うつもりはさらさらありません。

私は中小企業の経営者ですから、自社のビジネスをいかにしっかり回し、従業員に給料を支払い、会社を維持存続させていくことしか考えていません。農業もそのための手段なのです。

第4章

無駄をビジネスに変える 田んぼからできたものは すべて商品化するSDGs戦略

1　米作りから芋づる式にビジネス展開

●米作りには思いのほか廃棄物が多い

私の会社は葬儀業からスタートしましたが、近年は米作りに関連した新しいビジネスを芋づる式に広げていっています。精米したお米を自分たちで販売するだけでなく、米作りから生まれるさまざまなものを有効活用したり商品化したりしてお金に変えていこうという多角化です。もともと米作りには廃棄物が多く、私の考えとして、多角化に向いているものだったためです。

例えば、稲刈りをすると稲藁が出ます。そのまま刻んで水田に残しておくと、本州であれば春までに腐敗分解しますし、牛のエサとして利用されるものもあります。ただ、気温が低い北海道では水田に置いておくと翌年の初穂の時期まで残って水田の窒素分が増え、米の味が低下する原因になります。

あるいは、籾（もみ）を摺って玄米にすると籾殻が出ます。稲穂に実った米のうち重量で実（玄米）が8割、籾殻が2割とされ、かなりの量になります。昔は野焼きして処分ができましたが、現在では法律で野焼きが禁止され、費用を掛けて廃棄物として処理しなければなりません。

さらに玄米を精米する際には糠が出ます。かつて家庭では糠漬けに使ったりしましたが、今では廃棄物として捨てられるケースが多いと思います。私たちのグループには米販売会社があり、精米によって大量の糠が出ています。

そのほか、籾摺りや精米の過程では規格外の米や割れた米が出ますし、返礼品や小売では米に賞味期限を設定しており期限切れの米も出てきます。

こうした水田での米作りから出る廃棄物を処理するにはそれなりにコストが掛かる一方、もし再利用して商品化できれば、処理コストが浮くとともに新たな売上になります。

近年、社会に広まっているＳＤＧｓ（Sustainable Development Goals：持続可能な開発目標）の理念に即したものになると思いますが、この言葉が流行するずっと以前から、私たちは無駄を活かすことを重視して事業を展開してきました。

ＳＤＧｓと聞くと、ビジネスの足かせになる聞こえのいいお題目というようなとらえ方をする人もいますが、それは間違いです。消費者や機関投資家、この先入社してきてくれる若い人材が重視しているものをキャッチして、そこに訴えかけるビジネスを展開することは従来誰もがやってきたことです。SDGsという合言葉は、むしろその現代における軸となる価値観を分かりやすい指標として示してくれているのだと思います。面倒に感じて拒むのではなく、また見せかけだけ繕って流行に乗ろうとするのでもなく、真摯に受け止めれば、自社を助け新たな道を切り拓くビジネスチャンスとしてとらえることができるはずなのです。

無駄を出さず、環境に配慮して、皆がいきいきと働きながら持続可能な経営を行っていくことは可能です。少なくともずっと前から私はやってきましたし、今も楽しんで続けています。

●稲藁を活用した鶏卵とプリン

私たちは北海道の水田で稲刈りが終わったら稲藁を水田から運び出し、ニワトリの鶏舎に敷いています。養鶏は稲藁の再利用のために事業化したものです。

たっぷり50㎝ほどの厚さに敷いた稲藁は1年ほどすると良質の堆肥になります。それを今度は畑の肥料に使い、大麦や蝦夷ヤマブドウなど新しい作物の栽培に活用しています。ニワトリは現在、北海道と千葉（2020年から米作りを開始）で200羽ずつ、合計400羽を飼って卵を生産しています。いずれもケージに入れるのではなく放し飼いで、特に北海道では500坪もの敷地でのびのび育てています。家畜の飼育方法や飼育環境について問題提起しているアニマルウェルフェア畜産協会北海道支部の方が3回ぐらい見にきて感心してくれました。

アニマルウェルフェアというのは、生産性を重視した近代的な集約畜産が国民の食を支えてきたという現実がある一方、生産効率を重視した品種改良や、大量の濃厚飼料を与えた飼育管理などによって、家畜に過度の負担を強いてきた実態があるという立場から、畜産のあり方を見直そうとする世界的な潮流です。これについてはさまざまな議論ができると思いますが、私はこれもSDGsと同じことだと思っています。少なくとも私は、アニマルウェルフェアの認証を受けたくてやっているわけでも、反対に非難されたくなくてやっているわけでもありません。田んぼでできたものを何一つ無駄にしたくないという考えのもと、こうしたほうがいい、好ましいという確信があってやっていることです。そして、自分たちの田んぼでできた稲藁の上でのびのびと育った鶏たちが産んでくれた卵の品質に自信をもっています。そして生まれた商品が、多くの消費者や海外の人たちの目にも好ましく映り、評価を得てさらなるビジネスにつながっていくとしても、それ自体が目的だったわけではなく、あくまでも結果がついてくるということだと思っています。

養鶏においては稲藁のほか脱穀の際などに出る規格外の米を飼料に利用しています。米を食べたニワトリが産む卵は黄身が白く、大きな特徴になっています。

こうして生産した卵はいくつかブランド化し、6個400円ほどで販売しています。普通の卵とは味が違うと気に入ってくれた東京の有名パティシエは定期的に注文してくれます。また、ブランドのうちの一つは2019年に札幌で開催された「第2回たまごかけごはんフェスト」でグランプリを受賞しました。

卵を使った白いプリンも開発して販売しています。

●賞味期限が近くなった米は甘酒に、籾殻はエコ燃料に

葬儀の返礼品や米の販売会社で扱っている米には精米からの賞味期限を定めており、3カ月前くらいになると在庫から外します。こうした米もそのまま廃棄するのではなく、甘酒の原料として再利用しています。

作った甘酒は商品化し、葬儀の返礼品に利用したりＥＣサイトで販売したりしています。甘酒はほかにもソフトクリームの原料に使い、北海道の農場や千葉の本社、そして神奈川の米販売会社に設けたアンテナショップで販売しています。

さらに籾殻です。稲刈りした米は籾摺りをして玄米にします。そのときに出てくる籾を使って「モミガライト」という燃料を作っています。２０２２年、千葉に専用製造機を導入し、脱穀で出た籾殻10ｔほどをモミガライトにしました。

モミガライトはキャンプ用や薪ストーブ用に販売するほか、温室などで使うこともできます。また、化石燃料とは異なり、温室効果ガスの発生を抑えるという点で文字どおりのエコ燃料ということができます。その年に育った稲から出た籾を原料にしていますから、大気中から吸収された二酸化炭素の量と、燃焼により大気中に排出される二酸化炭素の量がつり合い、環境に与える負荷がほとんどないというわけです。小規模ですからたちまち地球環境を変えるようなものではありませんが、使えるものを捨てずに使い、一人ひとりができることをするのは環境保全の基本といえます。考え方としてはいわゆるカーボンニュートラルにもつながるもので、現代の事情に即するものだと思っています。

差し当たっては、石油やガスの料金が高騰しているおり、今後予定している花卉（かき）のハウス栽培などで生産コストの抑制につながることを期待しています。

●糠から作る米タオルや化粧品

米糠は発生量が多く、全部を有効活用するのは難しいのですが、最近、米糠を練り込んだ繊維（レーヨン）を使ったタオルを商品化しました。製造はタオル製造の本場である大阪・泉州の老舗メーカーに私が飛び込みで訪ね、ＯＥＭでお願いしました。また、米袋をイメージしたパッケージのデザインやマークは若手社員が担当しました。一般向けにＥＣサイトで販売しているほか、葬儀の返礼品としても使っています。

米糠には美容効果があるとされ、化粧品を中心にさまざまな製品が販売されていますが、私たちも米作りの際に出るあり余る糠を少しでも再利用しようと、商品開発を進めているのです。米糠の美容効果については、米糠に含まれるオリザブランというエキスに由来します。オリザブランには皮膚の水分量を一定に保つ効果があるため、効果的に保湿ができるほか、皮膚のたるみ、肌荒れを防ぐ効果があるとされます（農林水産省 消費・安全局消費者行政・食育課「消費者の部屋」）。

私の会社では、米糠の活用法としてほかにも、減農薬減化学肥料の特別栽培米糠という付加価値を活かして抽出した米糠エキスを使った化粧品を商品化しました。ラインナップとしては化粧水、乳液、クレンジング、洗顔フォーム、石鹸、糠袋を販売しています。

●専用品種で冷凍米粉パンを開発

私たちが水田で作っているのはこれまで主食用の「うるち米」だけでしたが、最近はそれ以外の米や他の農作物、加工品も手掛け始めています。

その一つが米粉用の米です。米粉は最近、グルテンフリーの特長を活かして小麦粉の代わりに麺類やパンに用いられるようになっています。米粉用の品種にはいくつかありますが、特に主食用の品種より粒径が小さく、粉にするときにデンプンが損傷しにくい品種はパンにすると膨らみが良く、しっとり型崩れしにくくなります。

私たちはそこでミズホチカラという品種を選びました。ミズホチカラはこれまでは九州で主に栽培されており、千葉で作ったのはおそらく私たちが初めてだと思います。千葉の農業事務所に相談したところ、面白いと言ってくれて水の管理などいろいろ助言してもらいました。

最初は2021年に3反(約3a)だけ試験的に作ってみてうまくいったので、

2022年には2町（約2ha）に広げました。すでに刈り取りは終えており、自家製の米粉を使った冷凍米粉パンとして本格的に販売していきます。

ちなみに、米粉を作るには乾式と湿式の2種類の製造方法があります。一般的によく使われているのは乾式の米粉で、乾いた状態で製粉します。これに対して湿式の米粉は、お米を水に浸してから製粉します。そのためデンプンの損傷が少なく、乾式より香りと食感がはるかによくなります。私たちの冷凍米粉パンはもちろん、湿式の米粉で作ります。

●ワイン作り、ビール作りにも着手

北海道の水田で出た米藁は、放し飼いにしている養鶏場の鶏舎の敷床に使っていますが、この堆肥の使い道として取り組んでいるのが蝦夷ヤマブドウの栽培です。

蝦夷ヤマブドウはその名のとおり、北海道の山に自生している山ブドウの一種です。これを400本ほど養鶏場から出た堆肥を蒔いた畑に植え、酒造免許が取得できればワインを作る計画です。

北海道は近年、ワインの産地としても知られています。ただ、私たちがワインを作るといっても後発の後発で、先行しているワイナリーに追いつけるとは思えません。そこで、蝦夷ヤマブドウというちょっと変わった品種で勝負したいと考えているのです。

山ブドウのワインは一般に酸っぱくてあまりおいしくないイメージがありますが、いろいろ工夫の余地はあるはずです。そこはまた新参者の発想で挑戦します。

同じように、ビールの開発にも取り組んでいます。今年、北海道の畑でホップを作ってみて成功しました。二条大麦も二反（約６００㎡）作付けし収穫できました。これらの原料を使って、まずはＯＥＭでオリジナルのクラフトビールを作る予定です。

さらに近い将来、酒造会社を買収できないかと考えています。そうすればワインやクラフトビールと一緒に日本酒を作ることができます。もちろん、原料となる山田錦などの酒米は自社の水田で作ります。日本酒は酒米の調達コストが結構掛かるのでそれを内製化できれば、かなりコストダウンができます。

こうして作った商品は、米と同じように葬儀の返礼品や自社のショップ、そしてＥＣサイトで販売していきます。大量に作って売りさばくのではなく、自分たちで原料から最終製品まで手掛けるビジネスモデルです。こういうやり方は小回りの利く中小企業にはとても向いていると思います。

農業は儲からないというイメージがありますが、複数の地域で米をローテーションで作ったり、田んぼから出る廃棄物を商品にしたり、複数の作物を組み合わせたりすれば、利益を得ることは十分に考えられます。そして最も大事なポイントですが、販売ルートを自分たちでコントロールすれば、農業は儲かるのです。

2　自分たちで売り切るための「出口」戦略

●「出口」が見えないなら先送りする

葬儀業での外注業務の内製化から始まった事業の多角化の結果、今では自社商品がどんどん増えてきています。しかも、自社商品は自分たちで売り切るのが方針なので販売ルートがますます重要になってきました。

商品の原材料の生産や調達が「入口」だとすると、販売ルートは「出口」にあたります。この両方をバランスよくコントロールすることで、利益をしっかり確保し持続可能な強いビジネスができます。私たちの場合、生花にしても仕出しにしても米にしても、葬儀で使えるものであり、あらかじめ出口が見えていました。だからあまり心配することなく始められたのです。

中小企業が新しい事業を考える場合、出口を意識することはとても大事です。新しい事業で扱う商品やサービスの顧客はどこにいて、どれくらい売れるのか、他社とはどこで差別化を図るのか、できるだけ具体的に見極めることです。

出口がきちんと見えてこないようなら、いったん立ち止まったほうが無難です。出口が見えてきたら取り組みを再開すればいいわけで、なんとなく大丈夫だろう、というくらいの感覚で始めるのがいちばん危ないと思います。

●新しい出口としてのアンテナショップとＥＣサイト

新しい販売ルートとして最近、力を入れているのがアンテナショップ（実験店舗）とインターネットを利用したＥＣサイトです。

アンテナショップはまず２０１９年、北海道・栗山町の水田の横に5坪ほどの店舗を作りました。春から秋にかけてプリンやソフトクリームを販売し、冬は雪が多いので休業です。

店舗は私が基礎からほぼすべてセルフメイドで建てました。私は、ホームページでプリンや卵を売るにしてもリアル店舗がないとだめじゃないかと言い出したのですが、スタッフはみんな田植えなどで忙しく相手にしてくれません。それならと自分で柱と壁のキットを買ってきて組み立て、壁にはネットを参考に断熱材も入れました。水道工事はさすがにプロに頼みましたが、やろうと思えばかなりの部分までできます。建築費用は３５０万円ほどで収まりました。この程度の投資であれば、さほど売上が伸びなくても損することはありません。夏場にはソフトクリームを中心に月１００万円ほど売上があるので４～５年で回収できるはずです。

［写真１］　セルフメイドで建てた北海道のアンテナショップ

さらに２０２２年7月には、君津市にある本社敷地の道路沿いに物販店をオープンしました。こちらも平屋で店舗部分は10坪ほどの小さな店ですが、甘酒（プレーン、山ブドウ）のほか甘酒で作ったソフトクリームや冷凍米粉パンなどを販売したところ、１カ月で２００万円ほどの売れ行きを記録し驚きました。事前に葬儀会社の会員に告知したり、オープン時に周辺に折り込みチラシを入れたりはしましたが、予

［写真2］　君津市の「穴太商店ショップ」

想以上に好調な出だしです。

オンラインショップはオープンしてまだ1年くらいです。これまでは商品アイテムが米とプリンと甘酒の3つだけで十分そろっていませんでしたが、ようやく化粧品やタオル、米粉パン、卵などが加わり、これから本格的に販促に力を入れていきます。

オンラインショップのコンセプトは「田んぼから出たものは無駄にしない」というもので、米や米作りにまつわる商品で統一していく予定です。これから新しい出口として伸びる余地は十分です。

●目指すは「食のSPA化」

商品の原材料の生産と調達から販売まで一貫して手掛ける私たちの取り組みは、いわゆる農業の「6次化」に通じます。

農業の6次化とは、農業（1次産業）が農畜産物の生産だけでなく、製造・加工業（2次産業）やサービス業・販売（3次産業）にまで取り組むことで生産物の価値をさらに高め、農業所得の向上を目指す取り組みのことです。以前から農林水産省が積極的に旗を振っています。

私たちもまさにこうした6次化を意識していますが、それと同時に出口から新しい事業を考えることを通じ、川下の3次産業（サービス業・販売）のほうから2次産業（製造・加工業）、1次産業（農業）のほうへ遡るアプローチを行っているつもりです。

マーケティングの考え方に「プロダクトアウト」と「マーケットイン」があります。プロダクトアウトとは、企業が商品開発や生産を行ううえで、作る側の論理やこだわりを優先させるアプローチのことです。顧客のニーズよりも作る側が作りやすいもの、良いと思うものを作って提供するという考え方です。一方、マーケットインは顧客のニーズを優先し、顧客の声や視点を重視して商品の企画・開発を行い、提供していきます。

日本ではかつてプロダクトアウトのアプローチが主流で、「良いものを作れば売れる」という時代が続きました。いわゆる大量生産・大量消費です。しかしその後、2度のオイルショックを経て日本の社会・経済は成熟化し、消費者の好みや価値観も多様化していきました。バブル崩壊後、モノが売れなくなるなかで多くの企業は顧客の視点やニーズを重視しようとするマーケットインの発想にシフトしていきました。

こうした流れを踏まえると、農業の6次化についても1次産業からアプローチするとともに3次産業から遡ることが重要なはずです。特に3次産業は消費者と日々接することで社会の変化に敏感であり、2次産業や1次産業へいろいろフィードバックができるはずです。

そこで私は従来の6次化とは違う表現として、「食のSPA化」という言い方を最近はしています。SPAとはSpeciality store retailer of Private label Apparelの略で、アパレル業界で有名になったビジネスモデルです。アパレル業界ではかつて分業が当たり前で、メーカーが企画・製造した製品を卸が仕入れ、それを小売業が買い付けて自社店舗で販売していました。

それに対し、SPAは商品の企画から生産、流通、販売までを1社が統合して行います。売れ残りのリスクなどはありますが、むしろ柔軟な商品企画とスピーディーな商品調達、そしてリーズナブルな価格設定で圧倒的な収益が可能になります。

SPAはアメリカのGAPが1980年代に始めたとされ、その後、日本のユニクロやスペインのZARA、スウェーデンのH&Mなどが採用し大成功しています。

最近では雑貨や家具、サプリメントなどさまざまな業界でSPAモデルが取り入れられています。私たちもこれにならい、農業で生み出した原材料から競争力のある商品を自社の販売ルートで売り切るという一気通貫で循環型のビジネスモデルを目指しています。

ただし、決して売上を大きく伸ばしたり、商品アイテムを増やしたりしていくつもりはありません。大きな成長を望むのではなく、軸となるビジネスを太くし、そこからしっかりした枝を張れるようにするというのが基本的なスタンスです。

第5章

変わらないことが最大の経営リスク
既存事業も新規事業も柔軟な発想と
スピーディーな行動で生き残る

1 〝ぬるま湯〟に浸かってきた中小企業

●中小企業こそ変化していくべき

私はいつも会社の幹部に自社の経営について、「真ん中に大きな樹があって、そこになる実をいろいろな鳥が食べて樹の周りに種を蒔き、肥料となる糞を落とすことによって新しい樹が育っていくんだ」と話しています。メインの事業があり、その周辺に関連した事業が広がっていくというイメージです。

時代の変化に伴って、ひょっとすると真ん中の大きな樹が倒れてしまうかもしれませんが、そのときは周囲にある子世代や孫世代の樹が代わりに大きくなればいい。これからの時代のビジネスはおそらく、大企業であろうと中小企業であろうとそういう形を取るようになるという確信があります。

例えば、富士フイルムという会社はもともと写真フィルムがメイン事業でしたが、デジタルカメラやスマホの普及で写真フィルムの需要は減少すると予想されていました。そこで早い段階から界面処理や微粒子加工など写真フィルムで培った技術を応用し、化粧品や医薬品の事業にシフトして事業の入れ替えに成功しました。ロール状の写真フィルムを世界で初めて開発し、世界最大の写真用品メーカーであったアメリカのイーストマン・コダック社が2012年に倒産したのとは対照的です。

日本の中小企業も本業を大切にすることは大事ですが、経済や社会の変化に伴って自社の強みや得意分野を活かして変化しなければ生き残ることは難しいと思います。中小企業こそ思い切って変化していくべきです。

●規制や慣習、補助金頼みの経営

新型コロナウイルス感染拡大の影響による業績の悪化、ロシアのウクライナ侵攻をきっかけとしたエネルギー代・原材料費の高騰、人材不足、倒産の増加など、近年、中小企業には大きな逆風が吹いているように感じます。とはいえ、中小企業が元気になるためにはそもそも、なぜこれまで元気がなかったのかを振り返ることが不可欠です。

私もそうですが、これまで多くの中小企業はさまざまな規制や業界慣習、先輩たちの努力による内部留保、あるいは各種補助金など〝ぬるま湯経営〟に浸かってきました。

そのため周りの変化に気づかず今や茹でガエルになりつつあるのが実態だと思います。国内では世界最速で進む少子高齢化や世界最悪レベルの政府債務、外に目を向ければウクライナ紛争や米中対立などが中小企業の経営を直撃しています。これからさらに状況は悪化していくはずです。「最近なんだかおかしいな……」くらいの認識では大変なことになります。

選択は2つです。思い切ってぬるま湯の外に飛び出すか、見て見ぬふりをしてそのまま茹で上がるまで現状維持を続けるのか。ただ、むやみやたらと飛び出せばいいというわけでもありません。後先考えずに飛び出して凍え死ぬのも考えものです。

そういう意味では決断とスマートさが求められます。

●同業他者や地域の付き合いはほどほどに

ぬるま湯の一つに数えてもいいと思うのが、同業他社や同じ地域の経営者同士の付き合いです。全国各地にさまざまな団体があり、そこでの付き合いが当たり前のように行われています。私自身も以前は地域の若手経営者の団体に参加し、結構まじめに活動していました。この会社に来た当初は特に、自分の居場所がないためかそうした付き合いを重視していました。

しかし、30代になり社員に対し変化を求めている自身を顧みて、これではまずいと考え始め、少しずつ距離をおくようになりました。今では会社が終わると毎日、自宅へ直帰する生活です。

なぜ同業他社や同じ地域の経営者同士の付き合いがまずいのかというと、中小企業の若手経営者にとって30代は最も働くべきタイミングだからです。自分の会社がおかれている状況を把握し、課題を見つけ、生き残るためには何をするべきなのかを考え、寝ずに働くくらいでなければならないと気づいたのです。

そういう大事なタイミングなのに、同業他社や同じ地域の経営者とつるんで飲み歩いたり旅行に行ったりしていたらどうなるのか。仲間内では「いいやつ」で通るかもしれませんが、昨今のような厳しい社会経済状況のなかで、会社の業績が維持できるとはとても思えなくなりました。社内からも「うちの社長は……」といった目で見られるはずです。40代になってからネジを巻こうと思っても気力体力ともに落ちてきていて踏ん張りが利きません。

もちろんすべてがだめということではありませんが、あくまで自分の会社の経営がしっかりしているのが大前提であることは肝に銘じておくべきです。

●これから訪れる中小企業の大淘汰時代

日本の人口動態を考えると、中小企業に限らず国内で売上を伸ばすことはますます難しくなります。大事なことは、売上を求めるのではなく利益を確保することです。

理由の一つは原材料費や電気代などの上昇によるコストアップです。長く続いたデフレが終わり、いまやインフレが止まりません。この状況はおそらく10年単位で続きます。ところが、大手企業とは違って中小企業はコストアップ分を販売価格に転嫁する力が弱く、利益を圧迫することにつながります。下手をすれば、売上が増えるほど赤字が膨らむといったことになりかねません。

もう一つは人手不足です。コロナ禍がようやく収まってきたので営業時間を延ばしたり、生産体制を元に戻そうと思ったりしても、現場に人が不足しているので想定どおりにいきません。

帝国データバンクの調査によると、2022年に人手不足が原因の倒産は140件で、件数こそ多くありませんが前年比では26％も増えたそうです。倒産件数全体は6376件で、前年比6％増に抑えられているのとは対照的です。

さらに今後、深刻になりそうなのが後継者不足です。経営者が高齢になったのに後継者がいなければ、他社に事業譲渡するか廃業するしかありません。他社への事業譲渡については、顧客や設備など一定の事業基盤があり、収益の維持や改善が見込めることが前提となります。

今回のコロナ禍ではいわゆるゼロゼロ融資など政府の手厚い支援策で多くの中小企業がひと息つきました。しかし、2023年からは多くのケースで利子の負担や元金の返済が始まるといわれます。

中小企業の大淘汰時代はこれからが本番です。

2　中小企業が生き残る視点①
経営戦略と事業計画

●目指すのは「リカオン経営」

企業にとって経営戦略とは、自社を取り巻く経済環境や社会状況、競業他社との関係などを把握し、同時に自社がもっている人、モノ、カネ、情報といった経営資源と照らし合わせ、どんな事業でどのように儲け、生き残っていくのか大きな方針を立てることです。そして事業計画は、経営戦略に基づいて取り組んでいく具体的な施策やプロジェクトであり、それらを立案し、実行しながら修正を加えていきます。

私は、これまで中小企業が採用していた経営戦略の多くは、それぞれどのような名前で呼ばれていたにせよ「ハイエナ経営」が多かったのではないかと考えています。

ハイエナはサバンナなどで集団生活し、自分たちで獲物の狩りはせずにライオンやヒョウの食べ残しや死んだ動物を主に食べています。時には群れの数を頼りにライオンなどから横取りを行うこともあります。

ハイエナ経営とはこうしたハイエナの行動に似て、自社では新規顧客や販路開拓は行わず、特定の顧客に依存して事業を行っているようなケースです。依存する顧客との関係が良好であればとても効率の良い経営といえるでしょうが、もし関係が悪化したり一方的に関係を打ち切られたりするようなことになると大変です。

私はこれからの中小企業が目指すべき経営戦略は、事業規模の大小にかかわらず「リカオン経営」だと言っています。リカオンというのは日本ではあまり聞き慣れない動物ですが、ハイエナと同じ生活圏であるアフリカのサバンナで最強のハンターと呼ばれるイヌ科の動物です。

体長は75〜115cm、体重も20〜30kgほどでそれほど大きくありません。見かけはハイエナとそっくりで、しかし嗅覚に優れ、群れで狩りを行います。なぜ最強のハンターなのかというと、抜群のスタミナを誇り、時速50kmのスピードで30分ほど走り続けられるからです。狙った獲物が疲れるまで追いかけ、狩りの成功率は約7割にもなります。百獣の王と呼ばれるライオンでも狩りの成功率は2〜3割なので、まさに驚異的です。

また、高度な社会性をもち、複数のオスとメスが群れをつくって生活しています。狩りは仲間と一緒に連携して行い、仕留めた獲物は子どもたちに優先的に与え、弱った仲間たちにも分け与えるそうです。

こうしたリカオンの生態は中小企業にとって一つの目指すべき姿を表しています。経営規模や売上は小さくとも全員で事業を組み立て、新商品を開発し、販路開拓や価格設定も自社でコントロールします。そうやって利益をしっかり確保したら、会社と従業員で分け合うのです。

もちろん、ハイエナ経営がまったくだめでリカオン経営でなければやっていけないということではありません。しかし、生存競争の厳しいサバンナで自ら獲物を獲りにいくリカオンと同じように、急激に変化しつつある経営環境において中小企業も自ら生き残るためには主体的に動かなければならないのは当然です。特定の顧客との取引に頼りきった経営では、いざというとき大丈夫なのか心配になります。

私の事業でいうと、葬儀業は人の死に関わる特殊なサービス業であり、提供する役務や物品が多岐にわたるうえ、金銭の流れが複雑であり、安易な商圏拡大や効率化が難しいという側面をもちます。こうした葬儀業の特徴を踏まえ、新規顧客を獲得して事業を大きくしていこうと考えるなら、今後は社会の変容に対応した新しい葬儀業の形が求められることになると思います。

例えば、人が亡くなるとさまざまな事後処理が必要になります。金融資産や不動産の相続、故人の日用品の処分やペットの引き取りに至るまで残された人が対応しなければならないことは多く、高齢化もあって個人ですべてを執り行うのが負担となることが増えてきています。葬儀だけでなく、その周辺のさまざまな問題を解決するコンサルティングやサポートなどのサービスを提供できないか、私の会社では検討しているところです。

●中小企業こそ「残存者利益」を目指す

中小企業として主体的に動く際、私が重要だと考えているのが残存者利益を目指すということです。人口減少が進み、国内市場がどんどん縮小していくなかで、競合他社より1日でも長く生き延びることが会社の維持発展につながります。

以前から私はこの残存者利益を重視してきましたが、今回のコロナ禍で確信に変わりました。昨年の経営スローガンは「残存者利益を目指す」で、今年は「残存者利益を目指す2」としました。

日本の人口は今後、急速に減少していきます。しかし、どんな業種であれ一定の需要と市場は残ります。その市場において競合他社が減っていけば自社の売上が増える可能性もあり、新たな成長の道筋が見えてきます。

ポイントは「勝ち」を目指さないことです。負けなければ自ずと勝ちが見えてきます。戦後の高度経済成長期から１９８０年代後半のバブル期まで、国内市場は基本的に右肩上がりでした。多少、無謀な先行投資をしてでも市場シェアを先に押さえることが成長につながりました。

これからは逆です。無理に市場シェアを取りにいくのではなく、利益を重視して体力を温存し、少しでも競合他社より長くビジネスを続ければ、自ずと自社のシェアと利益率が高まっていくのです。

特定の業界、特定の地域でしぶとく生き残っていけば十分やっていけるはずですし、むしろ地域の人たちからは感謝され、次も頼みたいと言ってもらえます。現代社会はとても便利で快適になっていますが、それを支えるさまざまなビジネスがあり、多くの人がそれを必要としています。残存者利益を目指すことは、地域の人たちの生活を支えることにつながるのです。

北海道でも千葉でも、私のところには農地やセレモニーホールを引き受けてくれないかという話がどんどん増えています。2023年1月には北海道で施設園芸の会社を買収しました。後継者がいないので、やってくれないかと向こうから話を持ち掛けられたものです。

その会社には草花を育てるための大きな温室があり、その使い道を社員と一緒に考えているところです。北海道は冬になると雪に覆われ、ペットの飼い犬が運動不足になります。そこで温室を使ったドッグランをやったらどうかといった案が出てきています。多くの人に喜んでもらえるのではないかと思います。

●「負けない経営」と現状維持は違う

残存者利益を目指す経営は、別の言い方をすれば「負けない経営」といえます。ただ、負けない経営というのは何もしないで現状維持のままじっとしていることとは違います。ここは重要なポイントです。

負けない経営ではむしろ、積極的にいろいろな挑戦を行います。中小企業は特に、これまでの本業とつながりのある新しい事業にたくさん挑戦すべきです。

新しいことはやってみないとうまくいくかどうか分かりません。そこを慎重になり過ぎて、何もしないのが最悪の選択です。失敗の可能性を踏まえつつ、損しても問題ない範囲で挑戦することです。いっさい失敗しないとか、損失はゼロで済ませたいと考えるのではありません。

そんなことを考えると新しいことは何もできません。現状維持でなんとかなればいいですが、中小企業を取り巻く状況はそんなに甘くありません。それが分かっていながら一歩を踏み出す勇気がなく、いつの間にかぎりぎりまで追い込まれ万事休すとなるケースを私はたくさん見てきました。

私自身は自分のことを勝負好きだと思っています。学生の頃は競馬が趣味で、あちこちの競馬場に通っていました。出走馬の血筋や調教の状態などから勝ち馬を予想し、馬券を買い、レースで自分の読みが正しかったかどうかを確かめるのが面白いのです。

アルバイトで稼いだお金を手に競馬場へ行くときは、帰りの電車賃だけは取っておくことをルールにしていました。ところがあるとき、熱くなって最後にもう1回だけリベンジしようと電車賃の半額を突っ込んだものの見事に外れ、家まで2時間以上歩いて帰ったことがありました。挑戦するのはいいが、限度は守らないといけないということが骨身に染み、それ以降は二度としなくなりました。

人生論というか価値観の話になりますが、一度きりの人生をどのように過ごすのか。それは一人ひとりの選択です。私の場合、挑戦しないと成功も手にすることはできないし、再起不能なほどの失敗でなければ失敗した数だけ学びがあると考えています。

ですから、撤退する余裕は残しながら、ベット（賭け）するときは思い切って突っ込みます。そして、うまくいかなければ当初に予定していた損切りラインで手じまいします。成功は失敗を恐れていては手に入りません。「ノーリスク・ノーリターン」です。

また、人によるとは思いますが中小企業の経営者をやっていると、何か新しいことを考えたり挑戦したりしていないと、会社も自分自身も調子が悪くなりそうな気がして、じっとしていることができません。常に走りながら考え、新たな挑戦をし、結果を確認するという繰り返しが習慣になっています。

私の好きな歴史のエピソードに、日露戦争で日本海海戦に勝利した連合艦隊艦長の東郷平八郎大将が艦隊解散式において読み上げた訓示があります。「百発百中ノ一砲能ク百発一中ノ敵砲百門ニ対抗シ得ル」というものです。起草したのは司馬遼太郎の『坂の上の雲』の主人公の一人である連合艦隊参謀の秋山真之です。

この訓示は「百発百中の砲一門」と「百発一中の砲百門」のどちらが良いかという議論を呼び、私自身は百発一中の砲百門のほうがいいと思っています。理屈のうえでは確かに、「百発百中の砲一門」と「百発一中の砲百門」の命中確率は同じになりますが、しかしそれぞれを準備する労力や難しさが考慮されていません。おそらく百発百中のためには膨大な労力と時間が必要であり、それよりは百発一中でいいので数多く試すのが中小企業の経営戦略としては適しています。必ず成功する事業があらかじめ分かればいいのですが、そんなことはあり得ません。ある程度、可能性があればどんどんやってみるほうがいいというのが私の考えです。

●手を出すのは〝知っている隣の事業〟

ただし、「最近はあれがブームらしい」「これくらいなら簡単にできそうだ」ということでよく知らない事業に手を出すのはやめたほうがいいです。中小企業は人、モノ、カネ、情報といった経営資源に乏しく、事業の柱をたくさん増やそうとしても無理ですし、むしろ背伸びをしすぎると転びやすくなります。

そうではなく、中小企業はこれまでの主力事業を軸としてその周辺へ少しずつビジネスを展開していくのが望ましいやり方です。一本の樹の根を深く張り、幹を太くし、枝をしっかりと伸ばしていくイメージです。

もし、私が地元の南房総で食品スーパーをやるなら、地元で獲れた新鮮な魚を仕入れ、店では刺身を看板商品として売るとともに、売れ残った食材は居酒屋を作ってそこで使ったり、居酒屋で売れ残ったらさらに煮付けにして翌日は総菜として店で売ったりするといったことを考えます。すでにやっているスーパーもあるだろうとは思いますが、そういうふうに無駄を減らし、売上より利益の確保を重視することが中小企業が生き残る鍵なのだと考えています。

●「欲張らない経営」が好循環の元

事業計画には当然、目標がついてきます。目標は必ず達成するものであり、そのためにノルマとインセンティブを用意する会社が多いと思います。

私の会社でも部門ごとの目標があります。ただ、それは売上や利益だけではありません。例えば、葬儀部門であれば粗利の目標とともに利用者のアンケートでの評価（５段階）で平均4以上を目指すといった感じです。

しかも、私が各部門の責任者にいつも言っているのは「ニハチ」ということです。目標の8割達成すればよく、目標に2割届かなくても評価が下がったり、給与やボーナスが減ったりするといったことはありません。最初からラインを低く設定しているのです。

目標の8割というのは会社として基本的に収支トントンのラインです。例えば、ある部門の給料が一人あたり年間400万円とすれば、「自分の給料分＋1円の利益」を出してくれればそれでいいということです。

なぜこういうやり方にしたかというと、最初から目標の100％達成を目指すよう部門長に求めると、部下にもそれを求めて圧力をかけるようになります。そうすると社内の雰囲気がどんどん悪くなるのです。

ある意味、弱気な経営ですが、それでいいのです。経営者はどうしても「もっと売上を伸ばしたい」「もっと利益を上げたい」と欲張りたくなるものです。そのため信賞必罰とかアメとムチといった経営手法が以前はよく見られましたが、今の時代には合いません。

●従業員だけでなく経営者にも「心理的安全性」を

目標の8割を達成できればいいという考え方に対しては、目標はむしろ背伸びするくらい高く設定するほうがいいという反対論を唱える人もいます。スポーツでは優勝を目指して練習するからこそいい結果が出るという考え方と同じです。

しかし、私はそうは考えません。最初から優勝は目指さないというスタンスです。一気に20％、30％の成長を目指すより、分相応を守って対前年比5％程度の成長で十分だと考えます。それを10年、20年と続けるほうがよほど大事です。経営者として私自身、毎年20％も30％も売上や利益を伸ばすのは苦しいからです。自分が嫌なことを他人に押し付けてもうまくいくはずがありません。

大手企業であればせいぜい5、6年で社長は交代しますが、同族企業が多い中小企業はそういうわけにはいきません。従業員にプレッシャーを掛けて短期的にうまくいっても、多くの従業員から恨みや反感を買ってはそのうちしっぺ返しを食うに違いありません。

私は無理して組織を大きくしない、会社を大きくしないと決めたのです。目標の8割を達成しながらコツコツ成長していけば十分です。トップが欲張らなければ従業員にプレッシャーを与えることがなくなります。社内の雰囲気がギスギスすることもなく、働きやすい組織になります。

働きやすい組織の条件として今注目されているのが「心理的安全性」というキーワードです。心理的安全性とは、組織のなかで自分の考えや気持ちを誰に対してでも安心して発言できる状態を指します。

2015年にGoogleが「生産性が高いチームは心理的安全性が高い」という研究結果を発表したことから注目を集めるようになりました。心理的安全性の高いチームのメンバーは離職率が低く、多様なアイデアをうまく利用でき、収益性が高く、マネージャーから評価される機会が2倍多いというのです。

心理的安全性が高い組織では、メンバー同士でアイデアや改善提案などを自由闊達に話し合うことができ、業務効率やパフォーマンスが高まりやすくなります。これは何も従業員だけのことではありません。経営者にも心理的安全性は必要です。

３　中小企業が生き残る視点②
人材の採用と育成

●人手不足も人手過多も困りもの

中小企業にとって今、最大の課題は人材の確保です。事業を継続していくためにはさまざまな現場に必要な人手を配置できなければ稼働率が下がったり、ミスの原因になったりします。人材不足で倒産したり、事業の継続を諦めたりする企業は今後、ますます増えていくはずです。

その一方、多くの企業にとって最大の経費は人件費です。しかも、正社員の場合は固定費となり、売上や利益が減ったときには重い負担となります。

私の会社では現在、正社員約60人とパート、アルバイトが約60人、合計で１２０人ほどの従業員がいます。多過ぎず、少な過ぎず、適正な人員の確保とそれに見合った売上・利益を確保することは、経営者として最も気を使うところです。

私自身は新しい事業にいろいろ挑戦したいという思いはありながら、かといって人をどんどん増やすわけにもいかず、バランスを取ることを常に心掛けています。

●人材に対しての考え方を明確にする

これからの中小企業は、人材に対しての考え方を明確にすることが大切です。なんとなく人を採用し、なんとなく働いてもらっているといったやり方では通用しなくなってきています。

私は「最強のロバ集団」を目指すと社内外で言っています。ネガティブな意味に受け取られることもありますが、私たちはそうは思っていません。サラブレッドのような超優秀な人材はいないかもしれませんが、その代わりコツコツと努力できるまじめな人がたくさんいます。一度、挫折を経験したような人も多いです。それほど速く走れないかもしれないけれど、何事も力を合わせて取り組むのは得意です。

もう一つは「大家族主義」です。大家族主義とは会社と従業員がお互いを家族と考え、足りないところは補い合い、一緒に進んでいくということです。これも誤解されることがありますが、経営者が家長で従業員は文句を言わずに従うといったパターナリズム（父権主義）とは違います。

そもそも人にはそれぞれ個性があります。個性とは〝違い〟です。話し合えばなんでも分かり合えるわけではありません。それでもお互い相手のことを知ろうとしたり、できる範囲で協力し合い、お互いが心地よく働ける会社にしたいと思っています。

こうした考え方から人材採用でいちばん重視しているのはその人の性格です。これまでの経験では、仕事はすごくできるけど周りとの協調性に欠ける人がいると組織全体のパフォーマンスが下がります。時には優秀なゆえに任せ過ぎてしまい、お金を使い込まれたり、持ち逃げされたりしたこともありました。

会社の人材に対しての考え方とその人の性格が合致すれば、自ずと高いパフォーマンスを発揮してくれますし、長く勤めてもらえます。

●マニュアルロボットを作ってはいけない

一方、私が人材育成で何より気をつけているのはマニュアルロボットを作らないことです。業務について会社がすべてを指示してやってもらうのではなく、それぞれの現場で自分はどうすればいいのかを考え、自分の判断で動くように求めています。

多くの企業ではこれまで、個々の業務について詳細なマニュアルを作り、決められた作業を、決められた時間内に、正確にこなすことが重視されてきました。そのほうが効率的でミスも減らせるからです。

しかし、それが行き過ぎると社員は業務フローという仕組みの歯車になってしまいます。そういう会社では、従業員は自分の頭で考えることをしなくなり、どんどん思考停止に陥ります。いつも誰かの指示を待っていて、指示されたことだけをこなして手間暇掛けず、あるいは与えられた時間を目いっぱい使って行動するようになります。それは働く人の責任というより、そんな仕事のさせ方しかできない会社の責任です。

私の地元である南房総には自衛隊の基地がいくつか置かれており、退任後に再就職で入社してくれる人がいます。そういう元自衛官は最初のうち、以前からいる従業員ととても対照的なのです。

自衛隊では、そもそも隊員が自分で考えて勝手に動いてはいけません。現場で「ここを守れ」と指示されたのに、「こっちのほうがいいんじゃないですか」と言って自分の判断で動いたりしたら作戦になりません。指示されたことを100%完遂することが求められるのです。

そういう組織文化に慣れた人が私の会社に来ると、最低限の業務の手順や情報を教わってから「あとは自分で考えてやってください」と言われて、３カ月ほどは猛烈に悩んでいます。与えられたミッションを完遂することが求められる組織から、自分なりの判断で対応することを求められる組織では、１８０度頭を切り替えないといけないのです。

ただ、一定の時間は掛かりますが、次第に「今までの普通と、ここでの普通は違うのだ」ということに気がつきます。そして、頭の切り替えができれば体力があり、性格もすごくまじめな人が多いので頼もしい戦力になってくれています。

●社員の考える力を伸ばす

社員に自分で動いてもらうための仕組みもいろいろ導入しています。その一つが、西尾レントオールの真似をして導入したＰＭＢ（プラス・マイナス・ビコーズ）と呼ばれる提案制度です。

仕事環境や業務手順の見直し、新しいツールの活用など何でもいいので提案があれば、そのプラス面とマイナス面を挙げ、どうしてもやりたいという思いをまとめて会議に提出してもらいます。提案はパートやアルバイトからも含め毎月10件ほど出てきます。

私がそれを確認し、実際のメリットを勘案して報奨金を出します。先日は生花部門から〝オアシス〟といって花を挿すスポンジのゴミ処理費を年間100万円近く減らすことのできる提案があり、提案者にはさっそく10万円の報奨金を渡しました。

ただ、そういう明らかに有益な提案がしょっちゅうあるかというとそんなことはありません。普段はゴミ箱の位置を直すといった細かい改善が多く、報奨金もだいたい300円から500円ほどです。それでもみんなちょっとした小遣い稼ぎの感覚で自分の周りを見回し、楽しみながら改善点を探してくれています。たまに部門長が提案してくることもありますが、それは給料の範囲だろうといって却下します。

ほかにも、「社内論文大会」をコロナ禍の前まで6年ほど続けました。

これは私が出すお題（テーマ）について、自分なりの考えを2000字から3000字程度にまとめて提出してもらうイベントです。

それを顧問弁護士や顧問税理士、金融機関のシンクタンクの担当者などに頼んで上位7人に絞り、最後は忘年会のときに出席者全員の投票で1等から3等まで決めるのです。そして、1等は10万円、2等は5万円、3等は3万円の賞金を出します。

ちなみに応募が最も多く、盛り上がったのは「馬鹿とは?」というテーマでした。忘年会でもいろいろな意見が出て、私の会社でいう馬鹿とは偏差値が低いとか計算が遅いといったことではなく、「自分が馬鹿であることを自覚していないのが馬鹿なんだ」という結論に至りました。

こうしたさまざまな取り組みもあり、私の会社は従業員の定着率は高いほうだと思います。入社して1年続けばその後もずっと残ってくれるケースがほとんどです。肌が合わないという人は1年以内に辞めていきます。優秀で能力が高い人でも引き留めることはしません。

辞めていく人に多い理由は「自分で考えるのが苦手」というものです。手取り足取り教えたり、いちいち細かい指示を出したりしないので、指示待ちの人には向かないと思います。私の会社では、パートやアルバイトの人でも自分で考えながら仕事をこなしているので、自分なりの意見やアイデアがある人ほど仕事にやりがいを見いだしているように感じます。

●新卒採用と中途採用

中小企業の人材採用においては、中途採用が中心になると思います。私の会社でもここ2、3年で若手社員が増えてきましたが、以前はほとんどが中途採用でした。今後もどちらかというと中途採用が中心だと思います。

中小企業にとって新卒採用はハードルが高いというのが実感です。以前、4年続けて新卒を採用したことがあるのですが、結果は厳しいものでした。合計9人採用したうち7人は一人前になる前に辞めてしまい、今も頑張ってくれているのは2人だけです。採用の費用や人件費の負担と比べると、大幅な持ち出しでした。

なぜうまくいかなかったのかというと、新卒ではほかの会社を知るよしもなく、つい表面的な比較になって「ほかにもっといい会社があるに違いない」となるからだと思います。あるいは、私の会社はいろいろな意味で〝緩い〟ほうだと思いますが、それでも仕事においては自分で考えて行動することを求めるので、その意味では厳しいと感じられたということはあると思います。一方、中途採用の人材はほかの会社でいろいろ経験しており、私の会社の働きやすさやユニークさが分かってもらいやすいのです。

ただ、最近また新卒の採用を始めました。私も50代になり、主力メンバーも40代から50代で、このまま10年もすると人材の面で弱い組織になってしまいます。持続可能な会社にしていくには若い力がどうしても必要ですから、先も見据えてしっかり育てていかなければなりません。新卒採用ではいろいろ苦労することもあるでしょうが、そこは覚悟のうえです。

4　中小企業が生き残る視点③
お金の流れの透明化

●決算書が読めない社長は経営者失格

私が祖母の葬儀会社の経営を引き継いだとき、まずショックを受けたのは会社の経営数字が分かっていないということでした。今この時点での会社の状況が客観的に分かっていないのであれば、来月、来年どうするのかという計画も立てようがありません。

祖母の失敗は、請求書にしろ領収書にしろ何から何まで全部、顧問の税理士事務所に運んで記帳から決算書書類までを作ってもらっていたことです。その結果、いつまで経っても自分の会社の財務状況がよく分かっていませんでした。

会社の経営を引き継いだ私はそこで、まずは取引先の金融機関が行っていたセミナーに参加し、顧問税理士を変えて簿記の付け方から勉強し、半年ほどで決算書を作れるまでになりました。

そうすると、なぜ債務超過寸前にまで自己資本比率が低下したのか、直近のキャッシュフローはどうなっているのかといったことが分かり、どこから手を付ければいいのかが見えてきました。

具体的には、社長であった祖母や親族の取締役などの経費を思い切って削減して収支を均衡させ、その次に売上拡大のため営業に力を入れ、また一つだけだったセレモニーホールを増やしていくことにしました。

そうした判断はすべて、自分で決算書を作れるようになったからできたことです。

現在、私の会社では部門別にすべて月次決算になっており、毎月経営状況が数字ではっきり分かります。そのうえで、毎月の決算数字が目標に対して8割の水準をキープしていれば、私からは何も言いません。

また、備品などの購入についても決済は各事業部門に任せており、私のところに来るのは20万円以上の場合だけです。1万円未満になるともうそれぞれの現場担当者の判断に任せています。それでも問題ないのは、毎月の決算を通じてグループ全体の大きな状況がきちんと把握できているからです。

●経営をガラス張りにする

社員の意識改革については、私があれこれ説得するよりいちばん効果があったのは、経営者の公私混同をいっさいやめ、役員の報酬も含め会社の財務状況を社員に公開してガラス張りにすることでした。

また、財務状況を見ることができてもその意味が理解できなければ無意味なので、私が講師になって社内で勉強会を開き、決算書の見方について教えました。勉強会で使うのは架空の会社ではなく、まさに今自分が働いている会社の数字です。売上高、原価、経費、粗利、営業利益、特別利益、経常利益などを順に説明していくと、自分が働いている会社のことですからみんなも頭にすっと入ります。売上として入ってきたお金がほとんど出ていっているので内部留保がなく、資本が貯まっていないということも分かります。

そうなると、社員もこれまでの経営に対して疑問を感じたり、問題意識をもったりすることができるようになり、経営を見直さないといけないということが自然に伝わりました。

さらに、給与はともかくボーナスについては会社の経常利益から一定割合を配分することをルール化しました。その分、社員に対しても業務の透明性を高めることを求め、社内の風通しを良くし、自分で考えて動いてもらうようにしていきました。

私は、できればすべての社員に決算書が読めるようになってほしいと思っています。そこで希望者には私の会社が費用を負担して銀行のビジネススクールに行かせたり、私が講師になって社内勉強会を行ったりして、貸借対照表（ＢＳ）や損益計算書（ＰＬ）の基本を理解してもらうようにしています。こうして、社員たちには会社の状況を分かってもらうと同時に、自分がもらっている給料がどこから出ているのかということを理解できるようになってもらいます。中小企業の経営者はよく「うちの社員は給料分も働いていない」と言ったりしますが、それは給料がどこから出てきているのか社員が分かっていないからです。会社の財布と社員の財布が目に見える形でつながれば、会社のためになることを「自分ごと」としてとらえられるようになり、主体的に動けるようになるのです。

もちろん、経営者として役員報酬をいくら受け取っているのか、接待交際費はどれくらい使っているのかもオープンにします。私的なことに会社の金を使っていないことを明確にすれば、社員に対して「給料分は働いてくれ」ということがはっきり言えるようになります。

日本の中小企業では、経営者が私的な飲食費を会社の経費で落としているなど公私混同が少なくありません。要は「Ｍｙカンパニー」なのです。しかし、それでは従業員に頑張れと言っても通じません。どんな組織でも下のメンバーは上に立つ者の一挙手一投足をよく見ています。いくら社長が「みんなで頑張ろう」と言っても、社員が「所詮は自分のためだろう」と冷めた目で見ているのです。私の会社では社長の接待交際費はほぼゼロです。部門ごとに月次決算を組み、目標の８割が達成できていればいっさい、文句は言いません。

そして、会社が儲かればその利益から社員にこれだけボーナスとして還元するということをあらかじめ社員に伝えてあります。会社の財布と従業員の財布が直結するようにし、「Ｏｕｒカンパニー」という意識をもってもらうのです。

そうなれば従業員の目の色が変わってきます。毎日の業務で経費を使い過ぎたり、会社に損失を与えたりするようなことになれば、それだけ自分のボーナスが減るのですから真剣です。

ここ3年はコロナ禍で社員旅行をしていませんが、以前は毎年必ず行っていました。あるとき、旅行先の宴会で1本1万円する上等な日本酒を私がみんなのために頼もうとしたときには、みんなから「ビールでいい」と言って止められたことがあります。社員旅行は会社の経費で行っており、そこで支出が増えると自分たちのボーナスが減ることが分かっているからです。

ちなみに役員報酬は税務署にあらかじめ金額を届け出ていて、その範囲内でしか経費になりません。私としては、そのときばかりは会社の経費を使ってみんなで楽しくおいしいお酒を飲もうと思ったのに、残念ながらかないませんでした。

また、昨年は社員の金融リテラシーを向上させるために、全額投資することを条件にインフレ手当を兼ねて、会社の株、金、外貨などの投資収益の一部を正社員10万円、常勤パート5万円を分配しました。すでに確定拠出年金（401k）は登場とほぼ同時に導入していましたが、投資しているという実感がない社員も多く困っていました。

バブル崩壊以降、日本人は投資に対してネガティブになりがちですが、当社の社員の多くも投資にネガティブでした。社員には日頃から投資運用することは少子高齢化、人口減少が進む日本では重要な能力であり、右肩上がりの賃金カーブになることはないから、投資で資産を増やしなさいと話しています。毎年4月には、確定拠出年金の社員別運用成績を出して成績上位者、下位者を発表し、はっぱをかけていますが、投資を身近に感じない社員も多く、その背中を押すことが目的です。社員の投資能力が上がり、賃金以外の収入を得れば、より仕事に身が入ります。もちろん範を示すために運用成績のトップは、私がキープしています。

分配して驚いたことがあります。分配金を受け取らない社員がいたことです。家族と相談して危ないことはできないとのことでした。彼らにとって株式投資は競馬、パチンコ、麻雀と同じで、そのような考えもあることに感心しました。

●「透明」と「細かい」は別

決算書をオープンにし、経営者の公私混同は徹底して排除していますが、かといってお金に細かいわけではありません。

例えば、ほとんどの部門で細かい在庫管理はしていません。葬儀部門の返礼品であれば担当者が倉庫に行って必要な数量を取ってくるだけです。入出庫の数量は記録してありますが、いちいち出荷伝票を発行したり、しょっちゅう棚卸をしたりすることはありません。

ですから、もし悪意をもって私的に流用しようと思えば簡単にできます。ただ、3000円のタオルセットがなくなったとしても一度に50万円とか100万円分を持って行くことは難しいはずです。

逆にもし、いちいち出荷伝票を書いて在庫数もしょっちゅう確認するとなると、専任の担当者が必要になり、その人件費がいくら掛かるのでしょうか。中小企業の場合、多少、伝票と実際の数量にずれが生じるとしても、そんなところにコストを掛けないほうが合理的です。支払の決済も私の承認がいるのは20万円以上としていて、20万円未満については現場の裁量に任せています。これまでのところ、それで問題ありません。

社員には会社の決算書を公開していて、会社が儲かればそれがボーナスの原資になることはみんな分かっています。会社の利益が自分たちの収入に直結しているので、むしろ経営者の私より手堅いくらいです。

5　中小企業が生き残る視点④
経営理念と社風について

●中小企業にカッコいい経営理念はいらない

企業経営について最近よくいわれるのが「パーパス」（存在意義）です。社会や経済が目まぐるしく変化し、先行きが不透明になっているなかで、自社は何のためにこの事業をやるのか、社会に対してどんな貢献をするのかといったこと＝パーパスを今一度、問い直そうという動きです。

私もそうした問題意識はよく理解できるのですが、中小企業があまりカッコいい経営理念を語っても現場と乖離するだけではないかと思います。経営理念において大切なのは分かりやすさであり、社内に浸透させるうえで極めて重要だと考えています。

私が会社の経営理念として公表しているのは、「社員は、『大家族主義』ということを念頭におき、良好な関係を築き、その力で地域の利便性の向上に協力する」というものです。

いい換えれば、みんなで助け合い、楽しく働き、お客さまに喜んでもらおうということです。当たり前のことですが、それをどうやって実践するかが大切であり、また難しいのです。

●中小企業こそ働きやすい組織風土を武器に

経営理念を実現する最も大切なポイントは、組織の雰囲気だと思います。誰しも朝起きて会社に行くのはなんとなく負担を感じるものです。それでも会社に来て仕事が始まればなんとかなるものです。

会社に行くのが楽しいとまではなかなか言えないでしょうが、少なくとも社内の人間関係でパワハラ、セクハラ、モラハラなどがなければ特に嫌な思いもしないはずです。会社に来て人間関係が嫌だという状況さえなければ、自然に楽しく働くようになるのだと思います。

人が会社を辞めたくなるいちばんの理由は社内での人間関係です。中小企業は特に組織が小さいので、その傾向があると思います。

私の会社は今ではグループ企業が8社に増え、事業内容も多岐にわたります。お互いそれぞれの事業計画や月次決算は知っていますが、細かい内容までは分かりません。

それでもお互いに、ほかの部門は今どんな感じなのだろうかと気にし合い、なんとなく分かっていることが重要です。ある部門で大きな契約が取れたことや、そろそろ田植えが始まるといったことなどが全体に伝わっていると、本部（ホールディングス本社）から応援の人を出してほしいなどといった要請をしてもスムーズに対応してくれます。

そのために役立っているのがＩＴツールです。私の会社ではLINE WORKS（チャットト機能やグループワーク機能がパッケージ化されたビジネス向けアプリ）がリリースされたときすぐ導入して活用しています。

各部門が毎日、業務状況をチャット機能で投稿しており、契約や業務の進捗状況、成功事例やクレームなど良い情報も悪い情報も載せて社内で共有し、みんなでスタンプをバンバン押しています。

●欠かせないのは管理ではなくコミュニケーション

コロナ禍では見合わせていましたが、以前から社員旅行など社内行事は積極的に行ってきました。せいぜい１２０人ほどの組織とはいえ、いろいろな部門があってお互い顔を知らない従業員もいます。そのままにしておくと忙しい他部門を手伝いに行くように頼んでも、他人ごとに思えてしまって負担に感じることになりかねません。あるいは、配属された部門の雰囲気にちょっと合わないとき、ほかの部門の人たちと仲が良ければそれが心の支えになったりもします。会社の規則やルールということではなく、普段から機会があれば話をしたりして信頼関係をつくっておくことが大事なのです。

私がなぜこんなことを考えるようになったかというと、大学卒業後に就職した大手企業や取引先の金融機関などで「チェックのためのチェック」をたくさん見て疑問に感じてきたからです。

大手企業や金融機関では少額であろうと決済に何重ものチェックが必要で、決裁者が多ければ多いほど人件費が掛かります。

一方、私が祖母の葬儀社を引き継いだときは債務超過寸前という状況で、まず取り組んだのがコストの削減です。会社のコストで最も大きいのが人件費であり、なるべく無駄な業務をなくそうと考えたとき、真っ先に目に付いたのが「チェックのためのチェック」でした。

性善説と性悪説ということがよくいわれますが、他人を疑い出すときりがありません。

性悪説になりがちです。しかし、もし自分で自分を律してもらえるのであれば、それは性善説につながります。

つまり、人を疑うより、自分で自分を律してもらうにはどうすればいいかを考えたほうがよほど合理的ですし、メリットも大きいはずです。それを考えずに、人を疑ってチェックする仕組みだけどんどん複雑にするのが賢いとはとても思えません。

●人と話したからといってすべてが分かるわけではない

祖母から葬儀会社の経営を引き継いだ当初は、社員のみんながどうすればやる気になってくれるのか一生懸命、説得しようとしていたこともあります。

午前零時を回るまで一緒に飲みに行ったり、変な借金をして困っている若い社員の実家に行って親と相談したり、話し合いが必要だと思えた社員に対しては、三国志に出てくる劉備(りゅうび)の「三顧の礼」ではありませんが何度か家まで行って話し込んだこともあります。

じっくり話して分かってくれたと思ったら翌日にあっさり「辞めます」と電話で言われたり、有能で信頼していた幹部にまとまった資金を持ち逃げされたりしたこともあります。

いくら言っても聞き入れてくれない相手の胸ぐらをつかんで表に引っ張り出したこともあ

ります。逆に、数字をもとに理詰めで論破しようとしたこともありますが、うまくいかないことはたくさんありました。

そうした経験を繰り返すうち、私のなかでは「人と話したからといってすべてが分かるわけではない」という結論に達しました。会社の経営において、話しても分からないのであれば、分かってもらえるようにするしかありません。それが会社の経理をオープンにし、「社長の俺もこの給料でやっているんだ」と社長が個人的な金を一銭も使っていないと言えるようにすることでした。

一方で、社員旅行や忘年会といった昔ながらの行事は、社員同士のコミュニケーションを図るためしっかりやります。コロナ禍の前は特に力を入れていました。例えば、チームの力で何かを成し遂げる経験をみんなにしてもらおうと、「ワールドツアー」という名称の社内イベントを7年ほどやっていました。

私も参加して社内に10人から15人によるチームを7~8つつくり、1年にわたってほぼ毎月、卓球、バドミントン、ボウリング、ソフトバレー、百人一首、グランドゴルフ、ハゼ釣り、ワカサギ釣り、ジェンガ（テーブルゲームの一種）などさまざまな試合を行うものです。

これもコロナ禍でやれなくなりましたが、ほとんどの社員が体育館に集まって数時間、熱いバトルを繰り広げました。試合ごとにMVPを選び、年間を通して最多勝利を挙げたチームには20万円の優勝賞金が出ます。使い道は自由で、私が加わったチームが優勝したときはみんなで高級店にお寿司を食べに行きました。

社員旅行や忘年会の他にも、2部署4人以上の飲み会には1人3000円助成するという社内規定があります。毎日行っても構いません。ただ、最近の若い人はそもそも酒をあまり飲まないようで、推奨する割には申請が上がってきません。

いずれにせよ、社員のみんなが楽しく働けるようにするにはどうすればいいか、いつも考えています。

●「管理しない管理」でコスト削減

私の会社では、出退勤の管理もかなり緩く、タイムカードはありません。基本的には自主申告で、なかには時間外労働を5分単位で付けてくる人もいますが、それでいいのです。むしろ、細かく管理しようとすると人手が掛かり、その人件費のほうがもったいないからです。

人が足りない中小企業こそ「管理をしない管理」を目指すべきだと思います。経営者としてはどうしても目先の損を嫌い、あれこれ管理したくなるものです。しかし、短期的には損しているように見えても、中長期的に得していれば構わないはずです。そこを我慢することで、大きな流れとして見ればスムーズで楽になるわけです。

私もなかなか性格的に割り切れないので、なるべく細かいところは努めて見ないようにしています。見てしまうといろいろ気になる点があるのは事実です。しかし、そんなところで経営者が目を光らせていても、みんな仕事がしにくくなるだけです。

ただし、経営者が緩くても社内にはチェック役がいるほうがいいと思います。私の会社では本部の経理部門にしっかり者の女性を配置しています。

彼女がさまざまな数字をちゃんと見ていて、何か気になることがあると「これ現場に言っていいですか」と私に確認が来ます。先日は電気代のことについて相談がありました。そのときは許容できるレベルの問題だと思えたため、私から一応注意を促しておけばいいと判断して引き取りましたが、時には彼女にガツンと言ってもらうこともあります。

彼女は以前、あるチェーン店の店長を務めていたことがあり、厳しいノルマや社員管理を経験しています。それだけに「この会社は働きやすいから、大事にしたい」と考え、バランスを取るため嫌われ役を買って出てくれているのです。

まさに彼女にとって私の会社が「Ｏｕｒカンパニー（＝自分たちの会社）」になっているので、とてもありがたいです。

●人が動いてくれる条件

そもそも会社は経営者一人で運営できるものではありません。社員やアルバイトを雇用し、いろいろな現場においてその人たちに動いてもらわないといけません。

他社に見劣りしない待遇はもちろん必要ですが、だからといって働く人たちが経営者の言うことを全部、聞いてくれるわけではありません。指示を出したからといって、なかなか経営者の考えどおりには動いてくれないのが普通です。

人を動かすということがどれほど難しいかは、祖母の葬儀会社を引き継いでからずっと身に染みて感じています。そのなかで社長や上司の指示を比較的素直に聞いて動いてもらう状況について、意外に見落としてしまうことがありました。

それは、年齢、職歴、役職など上の立場であることはまず大事なのですが、いずれの場合も相応の配慮が必要であるということです。特に役職については、年齢や職歴が上の従業員にとって、あとから入ってきた人が自分より上の役職についた場合などむしろトラブルにつながります。

経営者としてなるべくそこは注意して、新しく入ってきた従業員についてはいくら優秀でも社内にある程度なじみ、特に担当業務において周囲が納得する実績をつくってから引き上げなければいけません。とても初歩的な、当たり前のことなのですが、自分が組織を引っ張るという重圧のなかで思い込み、また周囲の助言を頼ることができない状態にある場合につい忘れてしまうことがあるのです。この例に限らず、コミュニケーションを通して相手の心情に配慮した決定を心掛けることは、人を動かすにあたって重要なことです。

6　中小企業が生き残る視点⑤
最後は社長の覚悟

●経営者に不可欠な「足るを知る」

中小企業が生き残る視点はほかにもいろいろと考えられますが、すべて社長の覚悟に掛かっています。

経営者としての私のモットーは「お陰さま」ということです。社員やアルバイト、パートのみんなのお陰で会社の現場が毎日つつがなく回り、売上が立って利益が出ているのです。社長の私だけではとてもできません。

祖母から葬儀会社を引き継いだ前後、金融機関から借入金の返済を迫られて精神的に追い詰められたこともありましたが、その後、2001年から毎年、正月になると幹部を連れて山梨県の武田神社へ初詣に行っています。この神社はその名のとおり、戦国時代きっての名将である武田信玄公を御祭神として祀っています。武田信玄は戦において無類の強さを誇っただけでなく、領地において治水を進め、農業・商業を盛んにし、領民から大いに慕われました。

その信玄の名言として知られているのが「人は城、人は石垣、人は堀」という言葉です。いくら城が立派でも人がいなければ役に立ちません。国を支えるおもとは人の力であり、信頼できる人の集まりは強固な城や石垣、堀にも勝るということです。

中小企業にあてはめれば、社員やパート、アルバイトなど自社を支えてくれている従業員を大切にしなければ成長することはもちろん、現状を維持することもできません。初詣は、私の社長としての覚悟を再認識する良い機会になっています。

●中小企業の経営者こそ現場に立て！

覚悟の次は行動です。大企業とは違い、中小企業の経営者はプレイングマネージャーでなければいけないというのが私の考えです。

ビジネスをルールや仕組みで回すことは大切です。しかし、中小企業には大企業ほど経営資源がそろっているわけではありませんし、経営基盤も安定していません。そんな中小企業の経営者が、現場から離れた本社から指示を出しているだけでうまくいくことはあり得ません。

経営者は常に自社のビジネスの最前線に立ち、現場を肌身で感じ、アンテナを高く立てて自社を取り巻く経営環境に敏感でなければなりません。

中小企業の経営者にとって宿命といえるのは、任期がないことです。大企業のサラリーマン経営者のように、数年の任期で次に引き継ぐという選択肢はありません。それこそ10年、20年のスパンで時代の先読みをしつつ、自社のビジネスをどう守って伸ばしていくかを判断しなければならないのです。

私自身、常に事業の現場に立ち続けてきました。例えば、3年前に米の販売会社を買収したときはその会社の近くにアパートを借り、私がそこに泊まり込んで米の配達をしました。今でも、北海道で農機具のオペレーターが足りないとなると私が飛んでいってトラクターやコンバインに乗っています。

中小企業の経営者には本社の社長室にどんと構えているというより、あちこちの現場を駆け回る行動力が絶対に必要です。

●目の前のリスクに目をこらす

これからの時代、経営資源が限られ、また経営基盤が弱いことが多い中小企業こそリスクに目をこらさなければならないと思います。

比喩でいえば、雨が降ってきたら目の前を流れる川の色に注意するということです。もし、川の水が濁ってきたら、上流で土石流が始まっているのではないかと考えます。状況の変化をいち早く察知して、どのような影響、どんなリスクがあるのかを考え、多少の空振りは覚悟のうえで、先手を打って対応していくのです。そうしなければ世の中の流れに乗り遅れ、〝すでに死んでいる〟といった状況に追い込まれることにもなりかねません。

今回のコロナ禍でいうなら2020年2月、まだ世間ではマスクの話が出ていない段階で、私はマスク2万枚と消毒液を会社でまとめ買いをして社員に配りました。その後、薬局などからマスクが消えたときも私の会社の社員は全員、マスクを入手するのに苦労することはありませんでした。

最近では、日本もインフレ率が上昇して大騒ぎになっていますが、私は数年前から、いずれインフレが来ると考え、いろいろ準備してきました。農業で使う肥料については向こう3年分くらいをストックしてあります。

常に世の中がどう変化するのか緊張感をもって見ていると、くだらないものにお金を使うのが馬鹿らしくなってきます。

若い頃は、フェラーリに乗りたいから社長になろうなどと考えたりしましたが、金融機関から追い込まれた経験から、そんなことはどうでもいいのだと痛感しました。今ではフェラーリを買うお金があるのなら、会社がつぶれないようリスク回避のため何に使おうかと考えるように変わっています。

●情報収集と思考トレーニング

自社の経営の舵取りを担う中小企業の経営者にとって、情報収集の重要性はますます高まっています。これから時代や社会、自社のマーケットがどのように変化しそうなのか、常にアンテナを立てておかなければなりません。

そこで私がいつもやっているのがタブレット端末を使ったネットサーフィンです。気になったテーマやキーワードで検索し、さまざまな情報源をリサーチします。

ただ、情報は収集して終わりではありません。集めた情報をもとに、なぜそうなのか次はどうなるのか、自社にどのような影響があるのかといったことを自分の頭で考えることが本当の目的です。

今回のコロナ禍においても、新型コロナウイルスの特性やワクチンの効果などについて自分なりに調べ、徹底的に考え抜き、自分なりの結論については社員とも共有するようにしました。

世の中では「マスクはするべきかどうか」「ワクチンは何回打つべきか」「副作用はどうなのか」といった点についてさまざまな議論が渦巻き右往左往する人も多かったようですが、当社では「そもそもウイルスとは何か」「ウイルスの変異とはどういうことか」「感染症対策には何が効果的なのか」といったことを科学的な根拠に基づいて理解しようとしていたので、大して混乱もなく業務をこれまでどおり続けることができました。

トップがきちんと目の前の課題について自社の方針を客観的なデータや合理的な論理プロセスを踏まえて説明すれば、多くの従業員は納得してくれますし、それで安心して業務に取り組んでもらえるのです。

ほぼ毎日、飲みにも行かずに自宅に直帰したあと、私はそうした情報収集と自分なりの思考トレーニングに時間を割いています。また、昔から好きだった歴史分野の小説の執筆にも挑戦して気分転換を図っています。

●後継者問題を解決するのは社長が楽しく働くこと

中小企業に共通する大きな問題が後継者不足です。幸い私の場合、長男が地元の金融機関に3年ほど勤めたあと、私の会社に入ってくれました。妻はかつて、資金繰りや社員とのやり取りなど私が大変だった時期を知っているので、息子には銀行を辞める必要はないといって猛反対していました。今でもなぜこの道を選んだのか納得がいっていないようなことを口にしています。

多くの中小企業で後継者がいないといわれますが、子どもがいても継ぐ気がないというケースは増えています。子どもにとっては、いろいろ大変なことはあっても、親の表情が前向きで目が輝いていれば何か感じるものがあるはずです。逆に、親がいつも会社の愚痴ばかり言っていて資金繰りでも苦労していれば、会社を引き継ごうとは思いません。

ちなみに、これは農業の後継者問題でも同じです。北海道の農家は農地の面積も広く、平均的な規模であれば専業で普通のサラリーマン程度の年収を確保するのはそう難しくありません。ところが、親が続けてきた農業を子が継がないというケースが結構あるのです。実際に、親の農業を継がないというある人に聞いたところ「仕事として面白そうではない」と言っていました。資材や肥料を仕入れるにしろ、作った農作物を販売するにしろ、特定の団体に依存していて自主性を発揮する余地が少ないということでした。

なお、私の会社についてですが、長男は後継者という位置づけで入社したとはいえ、現場で仕事を一人前にこなせるようになるのが先決です。これから会社をどうしていくのかといったビジョンや計画の話はまだ先かと思って見ています。とはいえ、後継者難が多い中小企業のなかでは恵まれているほうだと感謝しています。

●「小心者の経営」と「営業しない経営」

私は自分の経営スタイルを「小心者の経営」と呼んでいます。派手に振る舞い企業規模や売上を大きくするのではなく、少なくとも今ある売上のまま利益をいかに高めるかを考えるのです。むしろ、利益を確保するにはどうすればいいかというところから逆算して売上を探しにいきます。グローバルなビジネスの世界では最先端の半導体がそうですが、大きなトレンドを先読みして思い切った先行投資をできるかどうかが成功の鍵を握ります。

しかし、中小企業にはとてもそんな真似はできません。これが売れるはずだと先回りして大勝負を仕掛けるのではなく、いろいろ試してみて、これならいけるという一定の手応えがあって初めて突っ込むのです。そうすれば、作ったけれど売れないといった目に遭わなくて済みます。

そもそも私は、買ってくださいと言って頭を下げ、営業して回るのが苦手です。相手のほうから買いたいと言ってきてくれる商品やサービスをつくるのが好きだし、性に合っています。もちろん背に腹は代えられませんから、葬儀業の経営を引き継いだあと、ここと取引してもらえないと会社がつぶれるという状況で、胃が痛くなる思いをしながら飛び込み営業をしたこともあります。

これは性格や考え方の違いであり、営業の天才という経営者もいます。私はそうではなく、どちらかというと若い頃から好奇心が人一倍旺盛で、知らないことには何でも首を突っ込み、自分なりに正しいと思ったこと、面白いと思ったことを突き詰めていくタイプです。だから例えば生花業を始めるときは卸市場の部長の懐に飛び込んで仲良くなったり、北海道で稲作を始めた際は地元の農業試験場に足しげく通い教えを請うたりしました。

振り返ると、葬儀業に携わるようになったのも大学時代に祖母が創業した会社でアルバイトしたことがきっかけです。現代の葬儀業はある意味、人の死を扱う特殊で高度なサービス業であり現場での創意工夫が求められます。アルバイトのとき、私は自分なりにいろいろ考えて動いていました。祖母が私に声を掛けてきたのは、そのときのことを覚えていたからなのかもしれないと、今では思うことがあります。

逆に、コンビニのアルバイトはマニュアルどおりにやるだけなので私には面白くなく、2日で辞めてしまいました。人からすべて指図される仕事、マニュアル化された仕事には心が躍らないのです。

そうした私の性格が、経営戦略や事業計画につながっています。中小企業経営ではこれは重要なポイントです。経営者は自分の性格や行動パターンを客観的に見つめてみることが大事で、自分が得意とする経営スタイルを目指していくと強みが発揮され、結果も出やすいはずです。

●経営者にとっての幸せとは?

祖母の会社を継いだ私は経営者としての一歩を踏み出し、若さゆえの無鉄砲というところもあって、手を付けられるところに次々と手を入れていきました。今、中小企業の経営を25年やってきて改めて当時を振り返りながら思うのは、経営者にとっての幸せとは何なのだろうかということです。

会社が儲かり、役員報酬や配当金をたくさんもらえればそれはそれで幸せであることには違いありません。しかし、VUCA（「Volatility（変動性）」「Uncertainty（不確実性）」「Complexity（複雑性）」「Ambiguity（曖昧性）」の頭文字を並べたものでヴーカまたはブーカと読む）の時代になって会社の業績はいつ、どうなるか分かりません。

そう考えると、私は「お金に追われない」ことが幸せなのだと思うようになりました。他はおまけのようなものです。おいしいものを食べたり、高級車に乗ったりするのは興味がなくなりました。

同じ立場におかれた人でないと分からないと思いますが、資金繰りをめぐるストレスは筆舌に尽くせないものがあります。寝ても覚めても何をしていても、期日までに返済資金を準備できるかどうかということで頭がいっぱいになります。新しい事業を始めるとかそんなことを考えることは無理です。

逆に、資金繰りにさほど悩まなくなると、あれもしたい、これもしたいといったアイデアが次から次へと湧いてきて、とても楽しくなります。私の場合は、資金繰りに悩まないということが差し当たっては最高の幸せというところです。

幸福の形は人によって違い、またその人のなかでも一つに絞るようなものではありません。ただ働く人間にとって自分の求める幸福を思い描くことはモチベーションの源になりますし、とりわけ経営者にとっては、それを周囲に示し、自分だけでなく会社に関わるすべての人の幸せの実現を目指すことが求められます。私が資金繰りに悩まずに済むことに幸せを感じるというのも、つまるところ、社員をはじめとするたくさんの人たちを不幸にすることを心配しなくて済む、ということにつながっているわけです。

私は祖母の会社を継ぎ、お金の問題に真剣に悩まされたことで、ようやく経営者としてのスタートラインに立てたと思っています。その意味では、金融機関のプレッシャーが、私の目を開いてくれたのです。こののち、私はさまざまな事業に手を広げて葬儀会社の立て直しに本格的に乗り出しますが、すべての始まりと、そして目指すべきゴールは、会社に関わるすべての人の幸せの実現です。

経営者の思い描く幸福の形こそが、経営を成功に導く道標になるのです。

おわりに

私の先祖は穴太頭戸波家（あのうがしらとなみけ）といいます。穴太頭戸波家は現在の滋賀県大津市坂本を本拠とし、安土桃山時代から江戸時代初期にかけて全国の寺院や城郭などの石垣づくりで名を馳せた穴太衆の棟梁です。

穴太衆の戸波家は江戸徳川家に召し抱えられ「戸波丹後」を名乗り、本所緑町二丁目にあった将軍拝領屋敷に住み、江戸城に登城していたといいます。そして明治維新のおりには曾祖父が彰義隊に参加し、上野戦争で戦ったようです。

しかし、その後は江戸の屋敷も坂本にあった所領もすべて取り上げられ、戸波家は一般の庶民として今に至ります。

私自身は子どもの頃から親たちにそうした話を聞かされ、また歴史が好きなこともあり自分なりにいろいろ調べてみました。そして、親たちの話がかなり〝盛っている〟のに気づくとともに、幕末の混乱のなか、先を読んで江戸の拝領屋敷から坂本へ移っていれば、一族のあり方もまた違ったものになったのではないか、という思いが湧き上がってきました。栄枯盛衰は世の常とはいえ、時代の流れを読み、行動できるかどうかで大きな違いが生まれます。

今、私の会社は中小企業ながらホールディングス制を採り、8社が一致団結して頑張っています。それと同時に、今はうまくいっていたとしても決して手を抜かないようにしなければいけない、調子がいいときこそ注意しなければいけない、先祖の轍を踏んではいけないと常に自戒しています。

たとえ小さくとも自分たちの足で立って生き残る……何も百万石の大名を目指しているわけではありません。たとえ千石であっても一国一城の主であることが大事なのです。そして万が一、明治維新のようなことが起きたとしても生き残るのです。

日本の経済や社会の状況を見ると中小企業の先行きは決して明るくはありませんが、チャンスがないわけではありません。ダーウィンの進化論では、強い者が生き残るのではなく、環境変化に適合した者が生き残るとされます。

厳しい時代だからこそ中小企業は「負けない経営」を徹底し、強い会社になることが大事です。そういう中小企業が増えていけば、日本の経済や社会を支えることにもつながるはずです。

日本全国の多くの中小企業経営者の皆さんとともに、そういう未来を目指していきたいと思います。

【著者プロフィール】
戸波 亮（となみ りょう）
1969年神奈川県生まれ。1991年に国士舘大学を卒業後、日通商事株式会社（現：NX商事株式会社）に入社。1994年、祖母が設立した葬儀会社である株式会社十全社に入社し、1998年、代表取締役に就任。翌年には生花販売を手掛けるスラタンを立ち上げ、その後、料理販売や米販売など次々と事業を展開する。2013年には北海道に農業生産法人を設立し、新しい農業のあり方を模索するなかで6次産業の可能性に着目。2019年、グループ会社の基幹となる株式会社穴太ホールディングスを立ち上げ、代表取締役に就任。生産→加工→販売の一気通貫の事業を進めることにより、低売上高収益のビジネスモデルを確立することを目指している。
著書に『穴太頭と穴太衆』（文芸社）がある。

本書についての
ご意見・ご感想はコチラ

葬儀会社が農業を始めたら、サステナブルな新しいビジネスモデルができた

2023年5月31日　第1刷発行

著　者　　戸波 亮
発行人　　久保田貴幸

発行元　　株式会社 幻冬舎メディアコンサルティング
〒151-0051　東京都渋谷区千駄ヶ谷4-9-7
電話　03-5411-6440（編集）

発売元　　株式会社 幻冬舎
〒151-0051　東京都渋谷区千駄ヶ谷4-9-7
電話　03-5411-6222（営業）

印刷・製本　中央精版印刷株式会社
装　丁　　秋庭祐貴

検印廃止

Printed in Japan
ISBN 978-4-344-94480-0 C0034
幻冬舎メディアコンサルティングＨＰ
https://www.gentosha-mc.com/